鳳凰の金運上昇アクション

生きたお金のつかみ方、
死んだお金の手放し方

たかみー 著

KADOKAWA

数多くある本の中からこの本を手に取ってくださり、ありがとうございます！

この本を手に取ってくださったあなたは、なんらかの理由で、「お金」に関心を持たれている方でしょう。


「収入が増えず、なかなか貯金もできないどころかローンまである」

「子の教育、親の介護、自身の老後……お金の心配が尽きない」

「欲しいと思ったモノを、後ろめたさを感じずに買いたい」

「挑戦したい夢がある。けれど、そのためにはお金が必要だ」

「とにかく臨時収入があったら、どんなに気持ちがラクになることか……！」


世の中には、お金にまつわる多くの不安や悩みがあります。

その緊急度や切迫度は、人によってさまざまかもしれません。

けれど、**必要の程度に関係なく、どんな方にも通ずる、お金の法則があるとしたら……?**

知りたいですよね。

実は、お金については、法則が存在するのです。

この本は、この世にあるお金の法則を説明するとともに、金運を再生・バク上げする方法を紹介するものです。

あなたにしてもらいたいことは、この法則に参加することだけ。

そして、法則を理解するカギになるのが、鳳凰《ほうおう》さんなのです。

鳳凰さんとは、中国の神話にも登場する「神に通じる吉兆《きっちょう》とされる鳥」のこと。存在そのものが、「繁栄と調和」「愛と平和」を表していると考えられ、世界中で紙幣や富貴栄華《ふうきえいが》のシンボルとして使われてきました。

僕は鳳凰さんと出会い、お金の仕組みと法則を理解してから、人生が大きく変わりました。

実は僕は、かつて人間関係がうまくいかないことや事業の失敗がきっかけで1500万円の借金をし、果てには一度は人生を諦め、自殺未遂まで試みるほどの転落を経験しています。

そこから、人生再生のために必死でお金の勉強を始め、中南米のマヤ暦、中国暦そして、宇宙の法則などについて学んでいたときに、鳳凰さんと出会ったのです。

詳しくは本編でお話をしますが、鳳凰さんのお金の仕組みの原則は、**「お金には生と死がある。そして、生きたお金の声を聞いてつかみ、死んだお金を感謝して手放すことで生と死が繰り返され、お金サイクルが大きく育つ」**というものでした。

僕たちは、お金は使ったらそのままなくなってしまうものだと、ついつい考えてしまいがちですよね。

けれど、むしろ**お金の法則に従って使えば使うほど、鳳凰さんがより大きな金運を生み出してくれる**とわかったら、どうでしょう?

僕も最初は、「お金が自然と増えるなんて、そんなことあるわけない」「お金は使えばなくなるでしょう」などと疑っていました。

でも実際に、鳳凰さんの知恵を学び実践に移すことで、僕をとりまく運気の流れが大きく変わっていきます。あっという間に年商が増え続けるようになり、１５００万円の借金も数年で完済することができました。

そして、好転したのは事業の金銭面だけではありません。

道端でよくお金を拾うようになる、どうしても30万円必要だったとき、期日の前日に30万円の臨時収入があった、妻も尊敬できるお金持ちの方々とどんどん知り合い、友だちになっていく……など、**人生すべての面においてお金との関係が好転し、お金が僕のもとに勢いよくなだれ込んでくるようになった**のです。

さらに、お金を引き寄せるための行動マニュアルを記した僕の初著書『金運年鑑』（マンガ・こげのまさき、かんき出版）は、1年も経たずに7万部を突破。YouTube「金運上昇チャンネル」は登録してくださる方が20万人を超えました。

お金とうまく付き合えるようになったことで、お金とともに、豊かな人生を送る

ことができています。

鳳凰さんのお金の法則に従えば、誰でも僕のように金運を大きく育てることができます。

僕とともに金運上昇を目指すコミュニティのメンバーも、

「宝くじの高額当選を果たした」

「モノをいただいたり、おごっていただいたりすることが急に増えた」

「会社の売り上げが50%もアップした」

などという経験をしています。

なぜ、これまでは何をやってもお金が増えるどころか減る一方だったのか。

その理由も、鳳凰さんの「お金の仕組み」で説明できます。

この本を手に取ってくださった方には、僕のような「お金の苦労」はしてほしくない。 以前の自分と同じようにお金でつらい思いをしている人たちの、少しでも助けになればと願っています。

お金は、一見すると不思議なものですが、人と同じような生き死にを持ったもの。

決して、理解を超えた存在というわけではありません。
お金の正体と仕組みがわかれば、あなたはお金を味方につけて、最高の人生を歩むことができるようになるでしょう。

僕は、僕の持っている金運の秘訣《ひけつ》を発信することが自分の使命だと考えています。
その思いが、この本を書くに至ったきっかけです。

大切なのは、鳳凰さんが生み出すお金サイクルをしっかり感じて、その動きに参加すること。 そうすることで、鳳凰さんはお金が循環するエネルギーを使って、あなたの金運を上昇させてくれます。

この本では、このような金運にまつわる鳳凰さんの知恵を余すことなくお伝えします。皆様の金運の再生と上昇の手助けになれば幸いです。

さあ、お金がめぐるサイクルを育て、金運をザックザックと上げていきましょう!

たかみー

2023年1月

Phoenix
Economic fortune
rising action

この本の読み方

鳳凰さんが生み出すお金サイクルにあなたがどんどん参加できるように、
そしてそのお金サイクルが大きく広がっていくように……。
そんなアクションを集めました。
この本を読むだけで、 金運がどんどん上昇していく設計にしています。

1

鳳凰の世界入門！ 「鳳凰マインド」を知ろう

第1章へ

2

働いてくれて
ありがとう！
10000
10000

役目を終えた 「死んだお金」を手放そう

第2章へ

3

使命を持った
「生きたお金」を
活躍させよう

第2章へ

4

お金サイクルを広げ
金運をどんどん
上昇させよう！

第3章へ

序章

「鳳凰の金運上昇アクション」とは

第1章

金運をバク上げする「鳳凰マインド」

第2章

生きたお金のつかみ方、死んだお金の手放し方

第3章
「愛と調和」でドンドン金運上昇！

第4章

まだまだあります！ 金運バク上げプチアクション！

ブックデザイン＝鈴木大輔・江﨑輝海（ソウルデザイン）
イラスト＝川原瑞丸
本文DTP＝エヴリ・シンク
校正＝山崎春江
編集協力＝塩尻朋子
編集＝大井智水

序章

「鳳凰の金運上昇アクション」とは

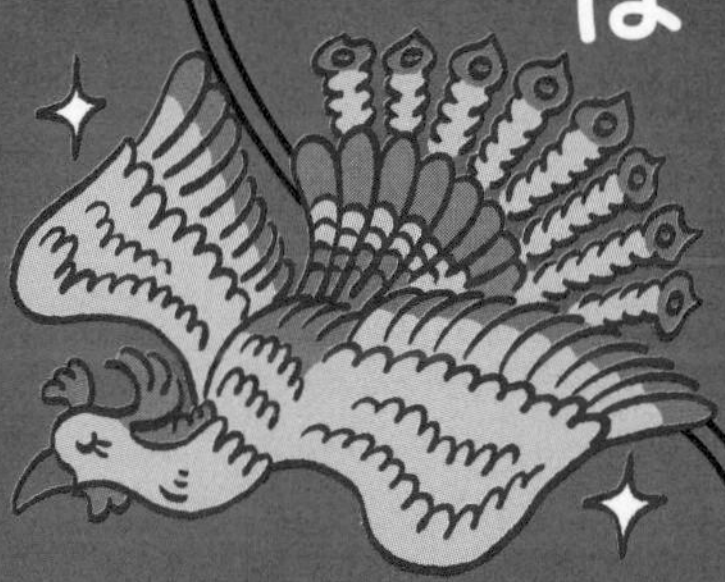

鳳凰さんとはいったい何者？

そもそも鳳凰さんとはいったい何者なのでしょう。

鳳凰は、中国神話にも登場する瑞鳥《ずいちょう》（吉兆とされる鳥）です。中国では、鳳凰は龍と同様、神様と人間の仲立ちをする存在と考えられてきました。

オスとメスの両方を有し、自然界を構成する原素の五行《ごぎょう》（木・火・土・金・水）を表す5色の羽を持ちます。

森羅万象《しんらばんしょう》が循環し、関係し、影響し合う中で育っていく。このすべての様子をその身で表現していることから、「繁栄と調和」「愛と平和」を象徴する存在だとずっと考えられてきました。鳳凰さんはお金を含むあらゆる事象のサイクルや関係性を維持したり、サイクルを大きく育てたりする働きをしてくれています。

だからこそ、紙幣や富貴栄華のシンボルとして、世界的に使われてきました。

日本で鳳凰といえば、もっとも有名なのは京都府宇治《うじ》市にある平等院鳳凰《びょうどういんほうおう》堂《どう》でしょう。人々はこの建物の優雅な姿を見て、鳳凰堂を地上に出現した極楽浄土だととらえたといいます。

平等院の鳳凰像は、２００４年～２０２２年まで発行された福沢諭吉肖像の一万円札の裏面にも描かれ、親しまれていますね。聖徳太子の肖像が入った、１９５８年～１９８６年の旧一万円札でも鳳凰が使われていました。

そんな鳳凰さんの教えで、もっとも重要なポイントが、**「お金」にも生死があり、循環するお金サイクルを持つということです。**

お金の生き死にって何？

鳳凰さんによると、この世の万物は、人もモノもお金も、〝役に立つために使われる〟という「使命」を持って誕生します。

生きたお金とは、誰かや何かのためになろうとする、お役目を持ったお金のこと。
夢や目標を叶《かな》えるための勉強の費用や投資、友人を喜ばせるためのプレゼント、そして、自分を元気づけようとして購入するデザートなどもすべて生きたお金です。

生きたお金は、ときにはお金自らサインを送ることがあります。
誰でも、普段なら躊躇《ちゅうちょ》してしまう買い物やチャレンジでも、**なぜか「私に今必要な気がする」「大切なチャンスな気がする」といった気持ちが消えない**などの経験をしたことがあるでしょう。

それは、生きたお金があなたに「ここで使って！」と促しているからなのです。

こうしたお金の声をしっかりキャッチして、お金が本来持っている使命を手助けすることが、お金を生かすということです。

そして、死んだお金とは役目を終えたお金のこと。

死んだお金が「運気を下げる」というわけではありません。

大切なのは、死んだお金の手放し方です。

たとえば、家賃や光熱費、日々の食費など、あなたが幸せに生きるために活躍したお金は、役目を終えたあとに死んでいきます。

このとき、「水道代や電気代なんかなければいいのに」など、お金を嫌な気持ちで手放すと、お金はあなたのために役に立とうとがんばったのに厄介者のように扱われて、とても悲しみます。

また、「別に好きではないけれど流行《はや》っているから買う」など浪費や無駄遣いによって手放されたりすると、**お金が本来持っていた使命も無念のままに「ただ消費され、死んでしまって終わり」**になってしまうのです。お金は大切にされなかったことにがっかりします。

お金に限らず、さまざまなモノには寿命があります。

寿命を迎えても、感謝され気持ちよく手放されることによって、また使命感を持ち、パワーアップして生きて戻ってくるというのが鳳凰さんの教えです。

つまり、お金でも大切なのは、「お金に執着し続けて終わり」「ただお金を消費して終わり」ではなく、お金が使命を果たしてくれたことに感謝して、また生きて戻ってくるお金サイクルをスムーズに回すこと。

生と死の循環をスムーズに進めようとする鳳凰さんの手助けをすることなのです。

鳳凰さんは、そうしてお金がスムーズにぐるぐる回っていくエネルギーを育て、あなたの金運の繁栄をもたらしてくれるのです。

これが、鳳凰さんの「お金の法則」と、金運バク上げの仕組みなのです。

お金の法則と金運を再生・バク上げする方法

「はじめに」でも書いたように、この本はこの世のお金の法則と、金運を再生・バク上げする方法＝鳳凰の金運上昇アクションをお伝えするものです。

お金の法則として覚えておいてほしいことをまとめると、次の2つになります。

- お金にも生と死があり、生と死を繰り返す「お金サイクル」があること
- 鳳凰さんは、「お金サイクル」を維持して育てる存在であること

ですから、金運を再生・バク上げする方法はシンプルです。

- お金サイクルをしっかり理解し、その動きに参加すること
- 具体的には生きたお金の声を聞いてつかみ、死んだお金に感謝し手放すこと

そうはいっても、**人間の世界にいる僕たちが、鳳凰さんの世界の考え方をいきなり実践するのはハードルが高いと感じられるかもしれません。**

そのため、第1章ではまず、土台になる鳳凰さんの世界の考え方＝「鳳凰マインド」を理解して身につけていきましょう。

そして、そのあとの第2章以降で、実際に金運が上昇するためのアクションとして、生きたお金のつかみ方、死んだお金の手放し方を紹介します。

最初はこのサイクルに参加することが難しいと感じるかもしれません。

でも、**初めは小さなサイクルからで大丈夫。**

続けていくうちにこのサイクルは、鳳凰さんの力でどんどん大きくなっていきますから。

この本も、小さなサイクルから大きなサイクルへ、読む人のお金サイクルが自然と大きく育っていくように設計しています。

これまでの人生で身についた考え方や習慣を変えようとするのは、勇気がいることかもしれません。

しかし、〝本を読んで勉強しよう〟〝現状を変えよう〟と思い、実際にこの本を買うためにお金を使ったあなたは、**すでに1つ生きたお金をつかんでいます。**

最初の一歩がどれほど貴重なことで、それが行く末にどれくらい大きなリターンを生み出すかを僕は身をもって知っています。

あなたは今、1つ、お金のサイクルを生み出したのです。

一歩を踏み出したあなたの思いを、この本ではうまく原動力として生かしていきます。

何度でも言います。

まずは読むだけでも大きな一歩です。そしてその次は、この本に書かれた中からやってみたいな、できそうだなと思ったアクションをやってみる。

そうやって少しずつサイクルを大きくしていってくださいね。

「お金が循環する」って、どういうこと？

最初に、鳳凰マインドを身につけるにあたって一番重要な「循環する」という感覚を知っていただきたいと思います。

難しく考えなくても大丈夫です。

鳳凰マインドは、とてもシンプルなものです。

シンプルなのに、その通りに行動するだけで、面白いように豊かさが流れ込んできます。

先にあげた、2つのお金の法則について、

- **お金にも生と死があり、生と死をくり返す「お金サイクル」があること**
- **鳳凰さんは、「お金サイクル」を維持して育てる存在であること**

これはどういうことか、わかりやすくご説明しましょう。

そもそも僕たちが生きるこの世は、人もモノもお金も、あらゆるものは役割を持って生まれています。

そして、役割を果たすことで死に、また新しい役割を持ったものが生まれる……というように循環をベースに成り立っています。

たとえば地球上では、雨が降るとその水は川に集まり、やがて海に流れます。海が太陽の光で温められると、海水が水蒸気になり、それがまた雲になって雨を降らせます。

また、この世にある「モノ」で言えば、たとえば掃除機であれば、〝ゴミやホコリを吸い取り、空間をきれいに保つ〟という役割を持ってつくられます。一生懸命に役目を果たし、寿命が来たら壊れて一生を終えます。

そして、また新たな掃除機が、使命を持って働いてくれるでしょう。

さらに言えば、その掃除機がどれくらい使用者を幸せにしたかという働き具合は、メーカーさんや販売員さん、そしてその使用者の経験として蓄積され、次の掃除機に生かされるという循環もめぐるでしょう。

僕たち人間が犯してしまいがちな、もっとも大きな過ちの1つが、こうした循環があることを忘れてしまうことです。

そもそも自然も社会も循環するようにできているのですね。

鳳凰さんは、お金だけでなくこうしたあらゆる循環をスムーズに促し、育てることで、この世に繁栄と調和をもたらす働きをしているのです。

……少し話が大きくなりましたが、とはいっても、僕たちが集中したいのはまずは「お金」です。

お金にも同様に役目を持った生き死にがあります。

お金に絞ってこの循環について考えてみましょう。

「消費して終わり」の人間脳から「循環と調和」の鳳凰マインドへ

鳳凰さんの世界に参加するためには、まずこの、循環する意識を取り戻すことが大切です。

僕たち人間がとくにお金について、この循環（めぐる）の意識を忘れてしまう原因はいくつかあります。

たとえば、「消費活動」はその原因の大きな1つです。

- **安いからとセール品を衝動的に買ったが、結局気に入らず、着なかった**
- **とくに思い入れもないのに、流行りやステイタスのためにブランド品を買う**
- **理由もなく買い、役目を終えていないモノまで、すぐに捨てる**

……などなど。

お役目に対する感謝を忘れて、お金やモノを「その場限り」で消費したら、それでおしまいになってしまいますよね。

「はじめに」でお話をした、「お金が自然と増えるなんて、そんなことあるわけない」「お金は使えばなくなるでしょう」と思ってしまう理由。

なぜ、これまで、何をやってもお金が増えるどころか減る一方だったのかの理由。

それは、「消費して終わり」という考えで、せっかく鳳凰さんが生み出してくださったお金サイクルを止めてしまったり、滞らせてしまったりするためなのです。

「消費して終わり」という考えは、いつの間にか、僕たちの中で〝あたりまえ〟のことになっています。

しかし、昔からそうだったわけではありません。

モノが大量にあふれる前は、皆、自然と循環を意識した使い方をしていました。

大切なのは、

- **いっときの感情だけで考えず、ゆっくり長く「お役目」「使命」を考えてみること**
- **「お役目」「使命」を持って来てくれたことに感謝し、愛情を持って接すること**

そのモノが持つ、**「なんのために生まれたのかという役割や使命」**を考えてみましょう。

そして、**「受け取った愛着や心地よさの感情」**を育てるようにしてみましょう。

そうすることで、循環が生まれやすくなりますよ。

循環に参加すると、豊かさが何倍にもなる！

「消費して終わり」の人間脳から、「循環して調和する」鳳凰マインドへ移ると、どのようないいことがあるのでしょうか。

まず、お金に対するネガティブな気持ちが減ります。


34ページの図に、人間脳と鳳凰マインドの違いを表現しました。

人間脳では、家賃や光熱費を支払うような、お役目を持った支払いでさえ、「払いたくない」と、今あるお金が減ることに対しネガティブな感情が生まれることがほとんどです。

多くの人は思い当たるふしがあるのではないでしょうか。

これが鳳凰マインドへ変わると、「お金は循環する」ことが理解でき、お金を使うことはただ消えてなくなることではないとわかっているので、使うことに不安を抱かなくなります。

さらに、あらゆることに感謝の気持ちも生まれるでしょう。

このあとでもさらに詳しくお伝えしますが、死んだお金をスムーズに循環させる方法は、感謝の気持ちで送り出すことです。

鳳凰マインドに変わると、お金が豊かにめぐるサイクルが回りやすくなります。サイクルがスムーズに回れば回るほど、そこで生まれるエネルギーがどんどんどんどん大きくなっていきます。

そして、**鳳凰さんはそのエネルギーを使って、もっと大きな富と繁栄を用意してくれます。**

ですからぜひ、**少しでも多くお金サイクルに意識を向けてみて、あなたの人生をお金サイクルにリンクさせましょう。**

「鳳凰マインド」を持つことで、豊かさの循環に入って運気が上がり、お金や豊かさの流れがめぐってくるのです。

消費して終わりの人間脳

お金が循環する鳳凰マインド

「出す」ことで「入る」が生まれる

ここで、「お金のサイクル」を生み出すときに知っておいてほしい大切なポイントをお伝えします。

それは、**「出すのが先、入ってくるのは後」**ということ。

たとえば、深呼吸をするとき、〝呼吸〟という言葉の順番がそうであるように、「呼」、つまり息を吐き出すのを先にしたほうがよいということを、知っていますか？

先に肺を空っぽにすることで、たっぷりと酸素を「吸」、吸い込むことができるのです。

また、朝起きたときも、窓を開けて部屋の中の空気を外に出すからこそ、フレッシュな外気が入ってきますよね。

「スペースをつくることで、新しいものが入ってくる」のだと考えましょう。

パンパンに食べ物が詰まった冷蔵庫には、新しい食材を入れることはできません。いくつか消費して、空きスペースをつくってから、新しいものを入れますよね。


このようにあらゆる物事は、まず先に「出す」ことで、入ってくるようにできています。


金運も同じです。

お金も、ガチガチに縛りつけず、気持ちよく手放して自分の持つお金の器にスペースをつくることで、そこにまた入ってきてくれます。


お金の流れをせき止めないで、よいことに気持ちよく使う。

そうすることで、お金は育って、また戻ってきてくれるのです。

もちろん、ただ無駄遣いしてでもお金を使えばいいというわけではありません。

それは「消費して終わり」になってしまう「浪費」です。

感謝して使うこと、使命感を感じて使うことが「投資」であり、生きてまた戻ってくるお金になります。

まとめると、**重要なことは、「お金をどう残すかよりも、どう使うか」ということです。**

僕がこの話をすると、多くの方は、「お金をどう残すかのほうばかりを気にしすぎてしまっていた」と、かなり驚かれます。

少しでも多くの金額を手元に残そうと、使わずに止めているのは、実は「お金サイクル」をストップさせていることにもなりかねません。

手放すことは、勇気がいること。

でも、小さなことからで大丈夫です。感謝して気持ちよく手放すことから始めましょう。

鳳凰さんのおかげであらゆるものが循環していると実感できれば、失う不安や手に入れられないもどかしさも和らぎます。

日本人こそ、鳳凰さんの助けを受け取って！

これまでに、鳳凰さんのお力と金運についてお話をしてきました。

けれど、このお話をすると、

「私は今まで何も特別なことをしてきませんでした。そんな私でも、鳳凰さんは助けてくれるのでしょうか？」

「私は生まれてからずっと、本当に金運がありません。たかみーさんはもともと金運をお持ちだったたから鳳凰さんも助けてくれたし、成功したのではないですか？」

というコメントをいただくことがあります。


断言します。

「誰でも鳳凰さんの助けを受け取ることができます」

特別なことをしてこなくても、今まで失敗続きの方であっても、誰でもです。

本章の冒頭でもお伝えしたように、鳳凰さんは昔から日本でも親しまれ、日本の繁栄を司《つかさど》り、多くの方に豊かさを授けてくださってきました。

僕たちの身近にいて見守ってくださる瑞鳥《ずいちょう》です。


そして僕が、誰でも鳳凰さんの助けを借りられると考えるのには、さらに理由があります。

中国では古くから**「聖天子《せいてんし》が現れるときに、鳳凰が出現する」**と言われています。

聖天子とは、「徳の高い王」という意味です。

僕は、**これは僕たち1人ひとりのことだと考えています。**

鳳凰さんには人間を見定める力があります。慈愛に満ちた人や天命を全うするような人のもとに現れるのです。


僕たちは誰しも、「徳の高い王」となれる魂を持って生まれてきています。

もしかしたら今は忘れてしまったかもしれない循環を思い出し、本来自然とできていた循環のサイクルに参加することで、誰でも「徳の高い王」になることができる。

そうして僕たちは誰でも鳳凰さんと出会い、お力を借りることができるのです。

誰でも、生まれてから死に向かって生きています。

また、誰でも何歳になっても人生を大きく変えることができます。あなたは何歳からでも変わることができ、鳳凰さんと出会うことができるのです。

ここまで強く断言するのには理由があります。

それは、僕自身の実体験があるためです。

僕は、今でこそありがたいことに「底抜けに明るい、まさに金運をまとっている人」などと評価してもらえることがあります。しかし、**昔は金運に見放され、一生の運も尽き果てたと思った時期さえありました。**

自分のことについて語るというのは憚《はばか》られる気持ちもありますが、もしかしたら誰かの勇気になるかもしれませんので、お話ししたいと思います。

僕がかつて1500万円の借金を抱え、人間関係の苦労から自殺を図った過去があるというのは、「はじめに」で少しお話ししました。

僕はもともと、大学卒業後に金融系の企業に勤務し、3年6ヶ月連続で営業成績1位をとっていました。

そう聞くと、「なんだ、そもそも稼げる人だったんだ」「金運があったんじゃない？」と思われるかもしれません。

でもその後、28歳で新しい事業として飲食店の経営に乗り出したときから、状況が大きく変わります。

飲食店を出店するには資金が必要ですから、銀行から融資を受けました。

無事に開店したと思ったのもつかの間で、僕はスタッフのマネジメントに苦しんだのです。

〝なんで、皆、思い通りに動いてくれないんだろう〟

〝こう言ってもわかってくれないのは、なぜだろう〟

日々、葛藤の連続ですっかり疲弊してしまったのです。


今から思えば、お金についても、人との関わり合い方についても、循環のサイクルから外れた行動をとってしまっていたのですね。


調和も愛もないまま自分だけのやり方でうまくやろうとし、人を従わせようとしていた。

個性ある人たちの才能を引き出し、生かすマネジメントを考えることができていなかったのです。


でも当時の僕は、営業時代によい成績を残せた経験から、自分のやり方なら何事もうまくいくはずだと思っていました。

また、お金についても、足りないことにいつも不満や不安を抱えていました。

そして、一緒に働く人たちの心が離れてしまい経営がうまくいかなくなったとき、日ごとにお店に行くのがつらくなり、とうとう、病院から処方されていた睡眠導入剤を一気に大量に飲んで自殺を図ったのです。

幸いにも見つけてくれた人がおり、奇跡的に一命をとりとめました。
でも、その後は人と接することが怖くなり、引きこもりになってしまったのです。
30歳の誕生日は、1人で部屋にこもって天井を眺めていたのを覚えています。
それでも「このままじゃいけない」と、少しずつ外に出かける訓練を始めたある日、母親が倒れてしまいます。

母が管理していた経理の仕事を引き継ぐと、なんと、僕が出店したときにかかった費用や人件費などが積み重なり、借金の総額が1500万円にもなっていたことがわかりました。

その事実を知ったとき、頭をガツンと殴られたようなショックを受けます。

「自分は今まで何をやってたんだ……」

と、それまで生きてきた中で、もっとも激しい後悔の念に襲われます。

そこから、仕事を3つ掛け持ちして、朝から晩まで働くようになったのです。

それでも、1500万円もの借金ですから、利息が高く、一生懸命働いて返済に回しても、なかなか元金が減っていきません。

「いったい、いつ、返し終わることができるのだろう」

と、先が見えない状況で、不安にとりつかれることもしょっちゅうでした。

しかし、自分なりに「金運」をテーマに掲げてマヤ暦や中国暦、宇宙の法則などの勉強をし、試行錯誤しているときに、鳳凰さんの世界に出会ったのです。

鳳凰さんの世界に出会うまで、僕自身は何も特別なことはしてきませんでした。

だからこそ、金運に翻弄された人生だったのかもしれません。

でも、このときばかりは、心から人生を変えたかった。

鳳凰さんに出会うことができたのも、必死にお金のことを知りたいと思い、お金

の正体を探るために近づこうとしたからです。

ですから僕は、お金に不安を抱いたり、人生に悩んだりする人の気持ちが痛いほどよくわかります。

自分自身、金運に見放され、人生を諦めかけたことがあるからです。

鳳凰さんが、その美しい羽を羽ばたかせるとき、豊かさと幸運の流れが巻き起こります。

そして**鳳凰さんが巻き起こす風が、1人ひとりが持つ「徳の高い王」の魂を目覚めさせ、豊かさと幸せを呼び込み、あなたのもとに届く通り道をつくってくださるのです。**

僕は、ご縁があって鳳凰さんの法則に触れたときから、自分なりに試行錯誤してきた金運アップの心構えや仕組みを磨き上げることができました。

そして、金銭的に恵まれるだけでなく、心から幸せを感じる日々を過ごせるようになったのです。

僕は、これからは鳳凰さんの時代が到来すると本気で考えています。

一部の限られた人たちだけでなく、豊かになる知恵を誰もが手にし、望む人生を実現する。

今、そんな時代が目の前に来ているからです。

そんなほんとうの豊かさを、1人でも多くの人に手にしてほしいという願いから書かれているのがこの本なのです。

この本を読み、書かれているアクションをぜひ実践して、一緒に循環の流れに身を投じましょうね。

第1章

金運をバク上げする「鳳凰マインド」

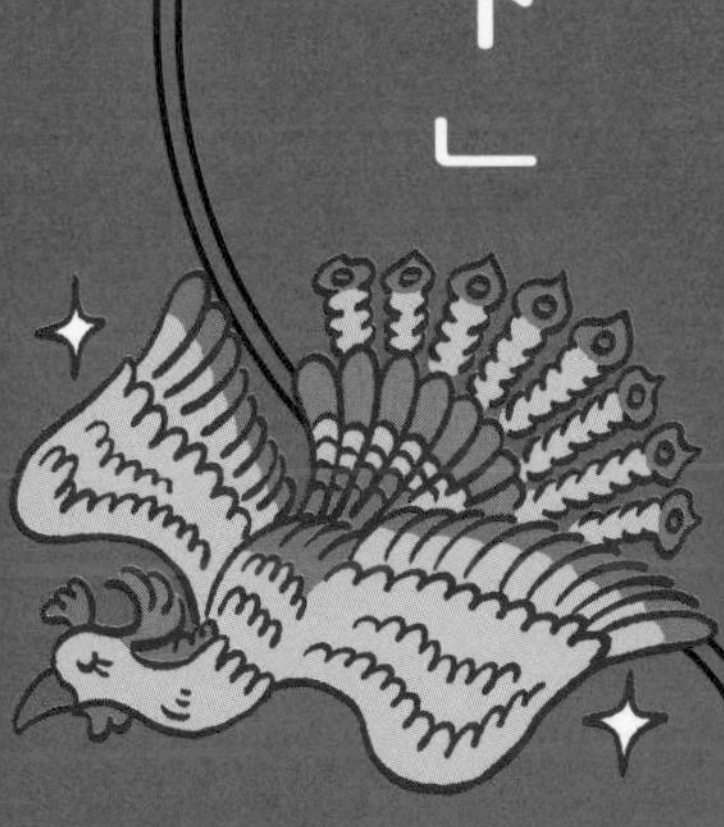

「メンタルブロック」を外して鳳凰さんとつながろう

僕は、この世に生まれた人は全員「徳の高い王」の魂を持っており、鳳凰さんと出会い、上昇するお金サイクルに参加できると考えています。

「それなら、なんで今、自分はお金に悩んでいるの？」と思う人がいるかもしれません。その理由は、**先ほども述べたように、鳳凰マインドを忘れて人間脳で生きているからです。**

人間脳から鳳凰マインドへシフトするために苦労する人がいます。それまでの価値観や考え方が邪魔して、鳳凰マインドがうまく人生になじまないのです。

そのようなときは、さまざまな「メンタルブロック」がかかっていることがほとんどです。

「メンタルブロック」とは、あなたが持つ、普段は意識しづらい隠れた思い込みや信念などのことです。

「メンタルブロック」は、無意識にお金を遠ざける働きをします。

そして、**本来であればあなたを豊かさに導くはずであったお金のパワーを、ネガティブな方向へと引っ張ってしまうのです。**


たとえばあなたが、テレビドラマやニュースなどの影響を受けて、「お金持ちは悪い人ばかり」というイメージを無意識のうちに持っているとしましょう。

すると、あなたの心は、「悪い人」になりたくないばかりに、お金を手に入れたり稼いだりする行動を制限してしまうのです。


お金をついつい大量に消費してしまう人は、実は「お金は汚い」という考えを無意識に持っている可能性があります。

そのため、「お金を手元に置いておきたくない」「早く使って手元からなくしてしまいたい」と捨てるようにお金を使ってしまうのです。

そんなネガティブな思いがあれば、生きたお金が発する「使命感の声」を聞くことは難しくなってしまいますし、死んだお金に感謝して気持ちよく手放すことも難しいでしょう。**捨てるように使われたお金は、再生のサイクルに参加できず、その場で消費されて終わってしまいます。**

実は僕も、振り返ってみると、借金を抱えて苦労していた時期までは、お金に対するたくさんの「メンタルブロック」がありました。たとえば、「お金を持つと悪い人が集まってくる」「お金を欲することは卑しいこと」などです。

今から考えると、僕の場合、**子どものころの環境でお金に対する「メンタルブロック」が数多く生まれていました。**

僕の両親は、昔から商売を営み、ある程度の成功をおさめていました。ところがあるとき、知り合いにだまされて借金を背負い込んだことがあります。

よく借金取りから電話がかかってきたり、取り立てに来ていたりしたため、小学校から帰ってくると、

「誰が来てもドアを開けてはいけない」

「友だちの家に遊びに出かけてはいけない」

などと言われ、僕はひたすら家の中に閉じ込もっていたのです。

そうした経験から、「お金を持つと人にだまされる」「ゲームが欲しいなどと、親にねだるのは悪いこと」などの「メンタルブロック」が身についていました。

また、**何気なく見ていたマンガやテレビドラマなどからも影響を受けていました。**

多くの場合、お金持ちの子どもは性格が悪かったり、リッチな悪徳社長が最終的に破綻したりするなどの描かれ方をしています。

そのため、**「お金持ちはずる賢い」「お金があると幸せになれない」などと無意識のうちに思い込むようになっていた**のです。

まわりにいる大人が、「お金の話をするなんて、はしたない」「お金のことを気にするのはガメつい」などと語る言葉からも、知らず知らずのうちに「メンタルブロック」が生み出されていたのかもしれません。

鳳凰さんが育てる循環サイクルの基本は、「お金もモノも感情も、すべてのことが循環している」こと。そのため、**あなたがこの循環を「メンタルブロック」で無**

意識のうちに妨げてしまうと、お金がなかなかめぐってこなくなるのです。

少し怖い話をしてしまいましたね。
でも、大丈夫ですよ。

「メンタルブロック」は、あるとわかれば解消するのは難しくありません。
小さなことから1つひとつ進めていきましょうね！

確かにお金にはパワーがあります。人生を左右することもあります。
ですが、必要以上に警戒する必要もなければ、忌《い》むべきものでもありません。
逆に、過信するべきものでもないし、絶対視する必要もありません。

お金とのちょうどよい距離感を考えるとき、まさに、尊敬し敬う瑞鳥・鳳凰さんと、あなたの関係をイメージしてみてください。そうするときっと、お金との適切で最高の関係を築ける距離感がつかめてくると思います。

action 1

お金のメンタルブロックチェック

まず、あなたがお金に対してどのような「メンタルブロック」を持っているかを確認していきます。

「お金」にまつわる、あなたが持つイメージを紙に書き出してみましょう。

パソコンやスマートフォン（スマホ）のメモ帳に打ち込むのでも大丈夫です。

「お金」だけでなく、「お金持ち」や「お金を稼ぐこと」「お金を使うこと」に対するイメージでもいいでしょう。

2つ、3つ出たところでやめてしまわずに、10分くらい考えてみてください。

すると、始める前までは自分でも思ってもみなかったような言葉が出てくることがあるでしょう。

ブロックは「ある」と認識するだけで50％は外れる！

どうでしたか？

あなたは、どんなことを書き出したでしょうか。

よく聞くのが、

「悪どいことをしないと、大金は稼げない」

「贅沢《ぜいたく》は敵」

のような、お金を手に入れたり使ったりすることを「悪いこと」とするパターンです。

もしくは、必死で働くなどの大変な苦労をしないと、お金は手に入らないと無意識に思っていた方もいるかもしれません。

「お金は汚い」と嫌悪感を持っていた方もいるでしょう。

そして、書き出してみたら、**思っていたよりたくさん、お金に対してネガティブなイメージを持っていた**と気づいた人もいるかもしれませんね。

でも、「これじゃ、なかなか豊かになれない……」などと、心配しないでください。**お金に対するメンタルブロックは、「ある」と認識するだけで、すでに50％は外れてしまうからです。**

つまり、「ああ、自分は〝お金を稼ぐのは大変〟だと思っていたんだ」と気づくだけで、メンタルブロックのパワーは半分ほどになるのです。

おもしろい例をご紹介しましょう。

僕が「金運上昇アクション」を教えるお客様の1人は、ご近所を散歩していたとき、ある家のガレージにベンツが3台並んでいるのを目にしました。その瞬間に、「なんだ、悪どいことして稼ぎやがって」という気持ちになったそうです。

それから、その家の前を通るたびにイライラしていたのですが、自分がお金に対して持つイメージを書き出したところ、

「あ、僕は〝お金は汚いことをしないと稼げない〟と思っていたんだ」

と気づいたと言います。

それからは、その家の前を通っても、前ほどネガティブな感情が湧くことがなくなり、街を走る高級車を見ても、ムカムカすることがあまりなくなったそうです。

メンタルブロックは、それが「ある」と気づけば、多くの力を失う。

そしてさらに、**気づいたあとにまだ残る半分を解消することが、「鳳凰マインド」に近づくためには必要です。**

僕自身が行い、多くの人に効果があった、お金に関するブロックを解消する方法を説明していきましょう。

そもそも、「お金」のことをどれくらい知っていますか？

メンタルブロックは、それが「ある」と認識するだけで50％は外れていく。

では、残りの50％を外す邪魔をしているものはなんでしょう？

その1つは**「無知」**です。

ほかには、**「強いバイアス、強い思い込み」**があります。

まずは「無知」から説明します。

世に流れているお金に対する〝なんとなく〟のイメージが、あなたの無意識に刷り込まれてしまうことがあります。

でも、その理由は、もとをたどれば、**ただ「知らない」「わからない」だけだっ**

たという場合があるのです。

つまりどういうことかというと、

〝毎日のように使っている「お金」ですが、あなたは「お金」についてどれだけのことを知っていますか……？〟

ということです。

仲良くなりたいと思う相手がいたら、その相手のことをよく知ろうとすることが第一歩だと誰でも思いますよね。

お金と仲良くなるためにぜひ、**お金のことをもっと知ろうとしてみましょう！**

action 2

お金をお財布から取り出して眺めてみよう

お金のメンタルブロックの残り50%を外すため、まずは「無知」を解消していきましょう。

もしかしたら、お金のことを「怖いもの」だと思っている人もいるかもしれませんね。

不用意に近づくと、お金に誘惑されて身を滅ぼす……などなど。

大丈夫、あなたは「お金に慣れていない」だけ。

正しく知れば、怖くありません。

まずは、お財布にしまったままにしてしまいがちなお金を毎日取り出して、眺めてみましょう。

使用するのは、できれば新札の1万円札がおすすめです。

理由は、**「新札の1万円札は、とてもきれい。かつ、鳳凰さんがくっきりと描かれているため」**です。

少し変に思うかもしれませんが、僕は新札の1万円札の手触りがとても好きで、よく撫《な》でています。

手に吸いつく感触が、**手馴染《てなじ》みがよい**と感じるのです。

いっときの恥ずかしさを我慢して、ぜひやってみて、この心地よさを感じてみてください（笑）。

手に馴染むとあなたが感じるものは、ずっとあなたのそばから離れませんよ。

action
3

新札を模写してみよう

さらに、**できるなら「新札の１万円札を模写してみる」ことをおすすめします。**

模写するのは表面でも、裏面でもどちらでも大丈夫です。
あなたが素直に〝美しいな〟と感じる面のほうを描いてみましょう。

できるだけ時間をかけて、細かく描いてみてください。

よく見ると、いろいろなところがキラキラと光って見えますよね。
きっとあなたが思っていたよりも、１万円札は繊細に美しくつくられていると感じたはず。
持っているだけで幸せな感情が生まれてくるはずですよ。

お金に対するネガティブなイメージ「それって本当？」

先ほど、メンタルブロックを外すのを邪魔しているものは何か？　という問いの中に、「強いバイアス、強い思い込み」をあげました。

「ある」と認識するだけでは外れないほど強く染み付いてしまったブロックは、1つひとつ取り出して検証する必要があります。

たとえば、先にあげた「お金のメンタルブロックチェック」のアクションで、お金に対するネガティブな感情に気づけたとします。気づけたのにネガティブなイメージが消えないままなのだとしたら、強いバイアスや強い思い込みが、自分では認識できないほどの強いブロックとして存在している可能性があります。

もしかしたらその根本的な原因は、親からなど、無意識のうちに受けた強い影響、もしくはあなた自身の中にその原因があるのかもしれません。

action
4

自分も親と同じことをしていないか考える

たとえば、親からの影響で生じたメンタルブロックは大人になっても大きく、かつ根強く作用します。

親の影響が原因かもしれないと感じた場合、次のアクションを行ってみましょう。
それは、**「自分も親と同じことをしていないかを考える」**です。

たとえば、僕のお客様にいつも「お金がない」と口ぐせのようにおっしゃっている方がいました。
その方は自分のやりたい仕事をして、プライベートも人間関係も充実しているように見えました。しかし、いつも「お金がない」と言い、お金の扱いもどこか軽いところがあったのです。

少し違和感があったので、

「あなたは『お金がない』とよく言いますが、もしかしたらあなたのまわりにもその口ぐせを持った人がいないですか？」

とたずねてみたところ、

「両親が、私（お客様）が幼少期の頃から口ぐせのように言っていた」

と言うのです。

その方はそこで初めて、「親と自分は違うと思っていたのに、こんなところで大きな影響を受けていた」と、**ほんとうの意味で自身のメンタルブロックに気がついた**のです。

気がつくだけで、メンタルブロックは外れやすくなっていきます。

その方はその後、「両親とは違う、自分の人生を選びたい」ということから少しずつ口ぐせを意識してやめました。すると、無駄づかいや浪費のクセもなくなり、お金をもっと丁寧に扱えるようになったそうです。

action
5

「すっぱい葡萄」を解除！「お金の話」をしよう

どうしてもお金について悪いイメージがある、というとき、「自分はどうせお金持ちにはなれないから」というブロックがあり、お金のことを否定してしまう場合があります。

それは、傷つかずにすむように、自分を守るためのマインドブロックです。

あなたは、「すっぱい葡萄《ぶどう》」というお話を聞いたことはありますか？
「すっぱい葡萄」はイソップ童話の1つです。
それは、このようなお話です。

むかしむかし、あるところにお腹をすかせたキツネがいました。
キツネは歩いているときに、たわわに実った葡萄畑を見つけます。
腹ぺこだったキツネは背伸びしたり、飛び上がったりしてその葡萄を取ろうとしました。

しかし、葡萄の実は高いところにあり、キツネには手が届きません。どうやっても葡萄を取れないと感じたキツネは、「どうせこの葡萄は、すっぱくてまずいに違いない。誰が食べてやるものか」と捨て台詞《ぜりふ》を残して去りました。

このキツネは、「葡萄は自分の手に届かないところにある」と感じたとき、手に入れるのを諦めるために、「この葡萄はすっぱくて美味しくないはずだ」と葡萄を否定するように考えます。

これと似たことがお金でも起こるのです。

たとえばあなたが、〝お金持ちになりたい、毎年海外旅行に行ったり、日常的に高級料理店に行ったりしたい……〟という理想を持っているけれど、そうした理想の姿が自分に叶うわけがないと思ってしまうとき、**人の脳は無意識に、「そうならなくていい理由」をつくって、自分を慰めようとする**ことがあります。

「お金持ちは卑しい人が多い（から、私はお金持ちにならなくていい）」

ということです。

でも、**それはあなたがお金持ちになるチャンスを自分でつぶしてしまっているのと同じこと。**手が届かないと思い込んで、お金自体を否定してしまうのはとてももったいない！

キツネだって、もしかしたら、近くにある木の棒を使って葡萄を落とそうとしたり、台になるものを持ってきて、それに乗って葡萄を取ろうとしたりすることだってできたかもしれないのです。

「お金は手が届かないもの」だと感じるのは、あなたが強くそう思い込んでしまっているだけという可能性があるのです。

では、どうしてそこまで強く思い込んでしまったのでしょう？　その原因を探り、ブロックを外すために、次のステップを紹介します。

まず、そのブロックがいつできたかを思い起こしてみます。

たとえば、

「お金は苦労しないと手に入らない」というブロックがどうしても外れない。

そんなときは、いつからそう思うようになったのかを考えてみましょう。

そうすると、

「子どもの頃は両親がいつも夜遅くまで働いていて、大変そうな様子を見ていた」

「両親のつらそうな表情とそれに対して何もできない自分にショックを受けた」

など、メンタルブロックが生まれた理由が見えてきます。

なぜメンタルブロックが生まれたかがわかったら、次は、**そのメンタルブロックを、「かつて自分には必要だったもの」として考えてみましょう。**

メンタルブロックは、今でこそあなたが理想の人生に進むことを阻《はば》む障害になっています。

でも実は、あなたを守るという側面も持ち合わせていたのです。

たとえば、

「お金は苦労しないと手に入らない」というブロックがあったから、両親がつらそうに苦労していても、「仕方ない、そういうものなんだ」と割り切ることができた。
「お金は苦労しないと手に入らない」というブロックがあったから、両親が忙しくて遊んでもらえないことも、「愛されていないからではなくて、仕方ないことだった」と思えた。
……などのように、メンタルブロックがあることで、あなたは傷つかずにすんだのです。

メンタルブロックは、あなたを守るために必要なものだったので、頑固で離れづらいのは当然です。ですが、今、理想の生活を手に入れたいと望み、変わろうとしているあなたにはもう不要でしょう。

ですからここで、〝今のあなた〟にとってもふさわしいかどうかを自分に問いかけてみましょう。

「お金は苦労しないと手に入らない」というのはほんとうだろうか？

「苦労せずに手に入れている人はいないか？」と問いかけてみます。

1つ目の質問だけだと、もしメンタルブロックが強い場合、「ほんとうだ」と思ってしまうことがあります。

ですから、2つ目の、メンタルブロックとは逆の状態を達成している人はいないか？ もセットで質問してみることがオススメです。

そうすると、

「苦労して稼いでいる人もいるし、楽しそうに好きなことで稼いでいる人もたくさんいるな」

ということが見えてきて、

「お金は苦労しないと手に入らない」というのは事実ではないということが認識できます。

これまで信じてきたメンタルブロックは嘘である、該当しない人もいる、ということが認識できると、メンタルブロックはガラガラと崩れていきます。

あとはあなたが、
「お金は苦労しないと手に入らない」と信じる人生がよいか、
「お金を稼ぐのは簡単」と信じる人生がよいか、
どちらを選ぶかだけの違いになります。

「お金を稼ぐのは簡単」と信じる人生を選んだら、今まで守ってくれたメンタルブロックに感謝をしてお別れを告げましょう。
しかし、それでも、どうしてもお金に対してネガティブなイメージがある……という方は、もしかしたら**メンタルブロックの理由は「あなた自身の中」にある**のかもしれません。

自己肯定感が高まれば、心のブレーキは外れやすくなる

僕はたくさんのお客様が抱えるお金に対するメンタルブロックを解除していく過程で、1つ、とても重要なことに気づきました。

それは、**お金に対してネガティブな感情を抱きやすい方は、自己肯定感も低くありがちである**、ということです。

先のアクションでは、お金について悪いイメージがあるとき、「自分はどうせお金持ちにはなれないから、お金そのものを否定してしまう」場合があると書きました。

それは、自己肯定感が低いために、自分が傷つかずにすむように、自分を守るためにメンタルブロックを生み出してしまうことがあるためです。

「自己肯定感」が低いと、どれだけ金運上昇のアクションをしても、「自分はまだまだ」「もっとやっている人はいっぱいいる」などと考えて、なかなか自分を認めることができない場合があります。

そのため、生きたお金が使命を持って舞い込んできても、「私なんて……」「これは、単なる偶然に違いない」と、自らお金を遠ざけてしまうのです。

生きたお金は「使命」を持ってあなたの前に現れるとお伝えしました。

生きたお金があなたの前に現れるのは、偶然ではありません。お金がやってくるときには、すべて意味と意図があります。

ですから、生きたお金が持つ「使命」の「声」を聞いて、謙遜せず、自分を否定せずに、しっかりつかむことが大切です。

「自己肯定感」が高くなると、「自分はお金と上手な付き合い方ができる」「自分はこのお金を受け取る価値がある」とポジティブに考えられるようになり、生きたお金をつかみやすくなりますよ。

また、お金に対してどうしてもネガティブなイメージが拭いきれない、という方は、もしかすると、自分自身に対してネガティブなイメージを持っていることが原因である可能性があります。

僕は、1500万円の借金を返済しているとき、あるセミナーを受けたことがあります。

そのとき、見知らぬ人と向き合い、

「この人はどんな人だと思うか、書き出してください」

というワークがありました。

なんとなく、「消極的」で「自分に自信がない」ように見える。

などと書き出したら、なんとそれは実は、相手に自分を投影していることによる「自分自身に対するイメージ」だと言われ、大きなショックを受けました。

そのとき初めて、自分は自己肯定感が低いと気づいたのです。

お金は、大げさではなく「人の人生を映し出すもの」だと僕は考えています。
もしかすると、**あなたがお金に対してネガティブな感情を抱いてしまうのは、あなたが自分自身に対してポジティブな感情を抱けないことが理由**である可能性があります。

そのような意味で「自己肯定感」は、いわば「鳳凰マインド」の土台となる部分です。自己肯定感が高まれば、自然とお金に対してネガティブな感情が薄まっていきます。

しっかりとした基礎を築き、「鳳凰マインド」を育てていきましょう。

action 6

喜ばれたことや褒められたことを書き出そう

「自己肯定感」が低い人は、今の自分に満足できず、自分ができないことや、よくないと思う部分ばかりを気にする傾向があります。

「自分の存在に価値がある」と思うことが大切です。そのために、自分で自分を褒められることを見つけましょう。「自分で自分を褒めるなんて、そんなの無理」と思うときは、まずは**人から「褒められたこと」や、人にしてみて「喜ばれたこと」などを書き出すアクションをしましょう。**

褒められたことや喜ばれたことといっても、難しく考えないでくださいね。

1日を振り返ってみれば、

- **自転車に乗っていたとき、歩行者に道を譲ってぺこりと会釈された**
- **ゴミ出しを手伝って、家族に褒められた**
- **職場のトイレで、洗面台が水びたしだったので、拭いていたらお礼を言われた**

など、あなたはあたりまえと思ってやったことでも、人に喜んでもらったことというのは、日常的によく起こっているでしょう。

また、その日に起きたことだけではなく、これまで生きてきた中で思い出してみてもかまいません。あなたがとった行動だけでなく、持ち物や身体的な特徴などを加えるのもいいでしょう。

たとえば、「字がきれい」「あいさつが元気いい」「エクセルで表をつくるのが速い」「髪の毛がツヤツヤ」「服のセンスがいいと言われる」「おいしいお店に詳しい」など、思い出せばたくさん出てくるはずです。

まずは、10個書き出してみてください。

そして、もっと思い出したら、どんどんリストに加えていきましょう。１日で終わらせなくてもいいのです。１週間、１ヶ月かけて、気がついたら繰り返し書き足していくのもいいでしょう。

そうすることで、人から褒められたことをヒントにして、自分で自分を褒めたいと思う部分が見つかり、自信をつけることができるでしょう。

action 7

自己肯定感を高めるアファメーション

僕が行うイベントで実践していただき、自己肯定感を高める効果が高いと評判の方法の1つが、「アファメーション」を唱えることです。

「アファメーション」とは、「こうありたい」と考える自分の姿を、短く前向きな言葉で繰り返すことです。

できたら声に出して、何度も唱えましょう。口に出して耳からも聞くことで、より強く、心の奥にある自分の認識を変え、願う方向に向かう手助けをしてくれます。

たとえば、自己肯定感を高めるアファメーションであれば、

「私には価値がある」
「私は、豊かになる価値がある」
「私は、自分の可能性を信じています」

などのような言葉をよく提案しています。

アファメーションは、唱える回数が多ければ多いほど効果が高まります。

ですから、可能であれば1日に何度も声に出して唱えることで、自己肯定感が高まるスピードが速くなります。

僕は以前、「僕は自信がある男です」というアファメーションを、ヒマさえあれば唱えていた時期があります。

回数は、それぞれの人の状況などによって異なります。

僕の場合は、３ヶ月ほど繰り返していたら、少しずつ自信がついてきたことが自分でも感じられました。

そうなったら、毎日唱えていたものを、週に2〜3回に減らしたり、月に1回にしたりして、最終的には唱えなくても大丈夫な状態になったのです。

最初はムリをせずに、朝起きたときや寝る前などの、心がリラックスしていると

きに10回、唱えることから始めてみましょう。

手帳に書いたり、スマホの待ち受けにしたりして、時間があるときに見直して、つぶやくのもいいでしょう。

もし、「私は、今のままで価値がある」と口にして、しっくりこない場合、自分なりにアレンジしてみると、より心に届きやすくなります。

たとえば、普段は自分のことを「私」と言わず、「ボク」や自分の名前で呼ぶ方は、「ボクは、今のままで価値がある」「ひろ子は、豊かになる価値がある」などに変えてみるのです。

日頃は「～だ」「～である」などの言葉遣いをしない人は、「私は、今のままで価値があります」「私は、豊かになる価値があります」のように、文末を変えてみるのもいいでしょう。

また、いくら「私は、今のままで価値がある」と繰り返しても、どうしても「そんなことを言っても、今の私なんてダメな人間だし」などといった、自分を否定する気持ちが湧き上がってくる人がいるかもしれません。
その場合にできることは２つあります。

１つめは、
❶「私は、豊かになりつつあります」
のように、**現在、そうなりつつある**という表現にすること。
そうすることで、アファメーションに反発する気持ちが出にくくなります。

２つめは、
❷「私は、もっと自分の可能性を信じていい」
のように、**自分に許可を与える**言い方にすることです。
そうすることで、自分の足りない部分に目が向きがちな人も、自分を認め、可能性を解放することができるのです。

自分を大切にして、お金を大切に扱う

鳳凰さんは、「自分を大切にするのは、お金を大切に扱うのと同じこと」だと言っています。

先ほど、「お金」は、大げさではなく「人の人生を映し出すもの」だと言いました。**自分の人生とお金がリンクして響き合うようになることで、もっと力強くサイクルを回せるようになりますよ。**

自分の人生をお金とリンクさせるつもりで、お金のサイクルに参加しましょう。人生とお金のどちらも大切に扱うことで、あなたの人生は価値あるものに変わります。

でも、多くの人は忙しさのあまり、つい自分のことは「どうでもいい人」のように、後回しにしてしまいがちです。

そのような行動のクセは、ここで手放していきましょう！

action 8

帰宅時に自分で自分に「おかえり！」

ここでは、**「1日1回、自分を大切にする時間を持つ」**アクションを行います。

そうはいっても、あまりにも長い間、自分を後回しにしてきた方は、「自分を大切にするって、どうすればいいの？」と戸惑ってしまうかもしれません。

そのようなときに僕がよく行う、とてもカンタンな方法をご紹介しましょう。

それは、外出先から家に帰ってきたとき、

「ただいま〜」

と言ったあと、**自分で、**

「たかみー、おかえり！」

「今日もよくがんばったね！」

と言うものです。

これなら、どれほど忙しくてもできますよね。

1回だけでなく、

「ただいま〜」

「たかみー、おかえり！」

「今日もよくがんばったね！」

を2、3回繰り返すと、自分で自分をねぎらい、受け入れている気持ちになりホッとするでしょう。

「自分を大切にする時間」は、これほどカンタンなことでもいいのです。

ほかにも、

- **香りのよい入浴剤を入れたお風呂に浸かる**
- **観葉植物の手入れをする**
- **大好きなスイーツを食べる**
- **昔ハマったマンガを読み返す**

- ゲームをする
- ペットと遊ぶ
- 近所を散歩して、風景の写真を撮る
- ストレッチをする
- 質の高い調味料を使って料理をする

など、自分の好きなこと、日頃やりたいと思っていたのに今まで実行できなかったことなどを考えてみましょう。

そして、**1日の中で10分でいいので「自分のための時間」をつくって実践してみてください。**

今あるお金に感謝することで金運はめぐり始める

僕は、**「今ないものより、〝ある〟ものに目を向ける」**ことをとても大切にしています。なぜなら**誰しも、ないものばかり数えていたら、不満やグチが出てくるばかりだから**です。

お金に関して言えば、

「お給料が安くて、欲しいモノが買えない」

「お金がこれしかないから、生活が苦しい」

などと、ないことを嘆くのではなく、

「今月も、無事にお給料をいただけた、ありがたい」

「電気が通って、温かいお湯が使える家に住めて、ありがたい」

と、今あるものに目を向けてみてください。

現代の日本で暮らしている方であれば、
遠くまで水を汲《く》みに行かなくてもコンビニで買うだけの余裕がある。

スマホがあるから、友だちとすぐに連絡がとれる。

インターネットのおかげでさまざまな情報を得ることができる。

……など**振り返ってみれば、すでに手にしているものはたくさんあるはず**です。


自分がどれほど恵まれているかに気づくと、感謝の気持ちが出てきます。

お金に文句ばかり言っていると、さらに文句を言いたくなる状況が訪れます。

でも、今あるものに気づき感謝をすれば、もっともっと感謝できる状態がめぐってきます。


序章でもお話ししましたね。**「出すのが先、入ってくるのは後」**。出すというアクションが先です。**ですから、まずは今あるもの、今あるお金に先に感謝しましょう。**

そうすることで、少しずつ豊かさのサイクルがめぐり始めるのです。

action 9

金額ではなく感謝できる数を数えてみよう

たとえ今の収入がいくらであったとしても、また、使えるお金がいくらであったとしても、いったんそのことは脇に置いておきましょう。

金額だけに目を向けることをやめて、お金があるからできたことをリストアップしてみるのです。

- カフェに行っておいしいコーヒーを飲めて幸せだった
- 持っているだけで楽しい気分になるノートが見つかった
- お金があったからスマホが買えた
- 今月も、電気代やガス代をきちんと払うことができた
- 子どもを学校に通わせることができた

など、**5分でいいので考えてみてください。**

できれば、紙に書き出してみるといいでしょう。

書いたものを読み直すと、お金のおかげでどれほどのことができていたかが実感できるはずです。


お金に不満を抱え、否定してしまうと、「鳳凰マインド」からは遠ざかります。

僕も、１５００万円の借金を抱えていながらも、そのときにあるお金に感謝し、そのお金でできたことに感謝するようになってから、「支払い」に追われる不安やストレスなどがなくなって安心することができました。

そうして豊かさの循環が少しずつめぐるようになっていったのです。


小さなことでもいいので1つずつ、身近なことから感謝を数えてみましょうね。

action 10

「すみません」ではなく「ありがとう」と言おう

「感謝」を心がけるためにできる、とてもカンタンなことがあります。

それは、**人に何かしていただいたときに、「すみません」と言わず、「ありがとう」と言うようにすること**です。

多くの人は、

カフェで水をもらって「すみません」

電車で席を譲ってもらって「すみません」

郵便局で切手を買ったときも「すみません」

など、多くの場面でつい、「すみません」と言いがちです。

もちろん、誰かの注意を引きたいときや、呼びかけるときなど「すみません」がふさわしい場面もあります。

しかし、そうではなく**「お礼を言いたいとき」は、「ありがとう」と感謝を伝えることで、感謝のサイクルがあなたから生まれる**のです。

僕は、自殺を図って引きこもりになったとき、１日中誰とも話をせずに暮らすことがよくありました。

それでも、外に出かけられるようになり、コンビニに行くと、どんな小さな買い物でも店員さんが「ありがとうございました！」と言ってくれる。

それがほんとうにうれしかった記憶があります。

このような文化のある日本に生まれてよかった、とも思いました。

小さなことかもしれませんが、こうして感謝を発信していると「鳳凰マインド」に一歩ずつ近づいていくのです。

action 11

「お金のブロック解除」のアファメーション

お金のメンタルブロックは、「ある」と意識するだけで、50%は外れるとお話ししました。

さらに残りの50%を外す邪魔をしている、**「無知」**や**「強いバイアス、強い思い込み」**をなくすためにも効果的なのが、「お金のブロック解除」のアファメーションです。

僕が開催するイベントなどで提案しているのが、次のアファメーションです。

「私はお金が大好きです」
「お金はよいものです」
「お金は、私を豊かにしてくれます」
「私はお金を受け取る準備ができています」

「豊かなお金が、私のところに絶え間なく流れ込んでいます」
「豊かで幸せになるのは、私が生まれ持った権利です」

口に出して、違和感がなく、よい気分になれるものを選びましょう。

「自己肯定感を高めるアファメーション」と同じように、「私は」と言うのに抵抗がある場合は、「ボク」や自分の名前に入れ換えていただいて大丈夫です。
また、語尾も「大好きです」を「大好きだ」に変えたり、「流れ込んでいます」を「流れ込んできます」にしたりするなど、**自分なりに言いやすい言葉にアレンジしていただくと、より効果的です。**

また、どうしても「私はお金を受け取る準備ができています」など、言い切ることに違和感がある場合は、
「私はお金を受け取る準備ができつつあります」
「豊かなお金が、私のところに絶え間なく流れ込んできつつあります」

「私は金銭的に恵まれつつあります」

などのように、現在進行形に変えてみるのもいいでしょう。

また、心にしっくりくるのであれば、

「お金を受け取る準備ができました、ありがとう！」

と、すでに叶ったことに感謝する言い方にしてもかまいません。

「私は豊かなお金と心の富に感謝します」

「お金が循環していて幸せです、ありがとう」

などもオススメです。

また、どのアファメーションもなんとなくしっくりこないという場合、文の最初に**「なぜだかわからないけれど」**をつけると、お金に対するメンタルブロックにぶつからずに心の奥に届けることができます。

たとえば、

「なぜだかわからないけれど、お金がどんどん流れ込んでくる」

「なぜだかわからないけれど、いつの間にか豊かになっている」

などです。

ときどき、

「アファメーションは心の中で唱えても効果はありますか？」

と聞かれることがあります。

口に出せないときなどは、心の中で繰り返すだけでも効果はあります。

でも、**できるだけ声に出して唱えるように心がけましょう。自分の耳でその言葉を聞くことで、より深く心に届き、「お金に対するメンタルブロック」が外れやすくなるからです。**

自分を守ってくれたブロックに感謝してお別れしよう

アファメーションを繰り返し唱えていると、お金に対する自分の感じ方が少しずつ変わっていくのがわかります。

「ブロックがまだスッキリなくなった気がしない」「外れたか、外れていないかわからない」というときは、しばらく続けていきましょう。

お金に関するメンタルブロックが外れると、**「あ、もうアファメーションは必要ないな」**という気持ちになります。

1年前にリストラにあい、ストレスから病気になり、苦しくて「どうにかならないか」とインターネットで助けになるものを探し回って、僕の動画にたどり着いた方がいました。

僕の開催するイベントなどにも参加するようになってから3ヶ月ほど経った頃、

「お金のブロックが外れた」と感じたそうです。

そして、その頃から、金銭面でも苦労することがなくなっていき、将来に絶望するのではなく、この先の人生が楽しみになったと言います。

「ブロックが外れた」と感じたら、唱えていたアファメーションを手放すタイミングです。

「今までありがとう！」と言って気持ちよく、メンタルブロックとお別れしましょう。

メンタルブロックは、先ほどもお伝えしたように豊かさの循環を妨げていたという一面がある一方で、まだ豊かさを受け取る準備ができていないあなたを守る役目も持っていました。

あなたが成長して、守ってもらう必要がなくなったタイミングで、気持ちよくお礼を言って送り出しましょう。

「愛と平和」の心が、金運の風を生む

鳳凰さんは、「繁栄と調和」のシンボルであると同時に、「愛と平和」のシンボルでもあります。サイクルを心地よくスムーズに回すためのもっとも強い力は「愛と平和」を願う気持ちなのです。

鳳凰さんも、この世が愛に包まれて、皆さんが平和で豊かに暮らせることを願っています。

そんな**鳳凰さんの持つ「鳳凰マインド」に近づくために、誰でも、お金をかけずに今すぐできるのが「感謝」と「笑顔」**です。

「感謝」は本編でもたくさん触れますから、このコラムでは「笑顔」のパワーについて触れたいと思います。

「え、〝笑顔〟って、そんなカンタンなことでいいの？」

と驚いた方もいるかもしれません。

でも、赤ちゃんがただ笑っているのを見るだけで、誰もが幸せな気分になりますよね。

笑顔は、あなたが何も失うことなく、まわりの人に与えることができる「愛」の1つなのです。

愛があれば、お金の動きがよいものになります。愛は、鳳凰さんのエネルギーのもとになるものの1つだと言えるものです。

笑顔という愛がある人には、鳳凰さんが羽ばたいて、金運の風を起こしてくれるのです。

だからこそ、「鳳凰マインド」を身につけるために、まずやってみてほしいのが、**口角を上げて笑顔をつくること**なのです。

僕は1500万円の借金を抱えて苦しんでいたころ、自分では意識していませんでしたが、笑顔になることがほとんどありませんでした。

たまに笑うと、「あ、笑うんだね？」と驚かれたことが何度もあります。

「ドン底にいる」と感じるときやつらいとき、これまでと異なるアクションを起こすのはきついと感じる人がいるかもしれません。

でも、口角を上げるくらいなら、さほど難しくはないでしょう。

僕も、光が見えない闇の中で、もがいても抜け出せないと感じていたとき、なんとか努力してできたのが笑顔をつくることでした。

まずは、笑うことを意識するだけでも、状況は少しずつ変わっていきます。

第2章

生きたお金のつかみ方、死んだお金の手放し方

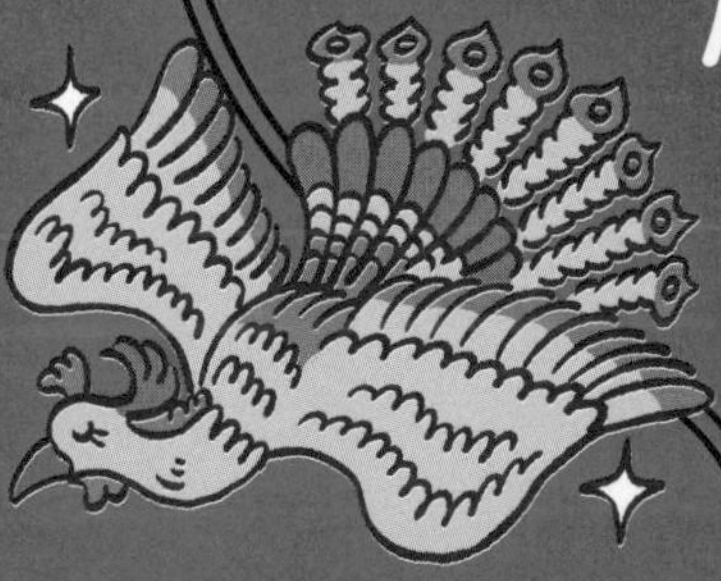

心からお金を望み、生きたお金をつかもう

第1章では、お金サイクルに参加するための土台となる「鳳凰マインド」を身につけました。

めぐってくる豊かさを、自信を持って受け取れるようになってきたでしょう。

土台を整えたら、いよいよ金運上昇アクションの本題です。

第2章では、鳳凰さんの「お金サイクル」に参加するための、「生きたお金をつかみ、死んだお金を手放す」アクションに挑戦してみましょう！

まずは、生きたお金をつかむ方法についてです。

序章では、「生きたお金は、お役目を持ったお金のこと」だとお話ししました。

そんな生きたお金をつかむために、覚えてほしいことが2つあります。

それは、

- **お金は心から望む人のところにやってくること**
- **どう生きたがっているか、お金の声を聞いてキャッチすること**

です。


鳳凰さんの使命は、お金のサイクルをスムーズにし、大きく育てることだとお伝えしました。

ですから、**お金がやってくることを心から望み、お役目を全うさせてくれそうな人のところを優先的に選んでお金の流れをつくろうとします。**

鳳凰さんの働きはシンプルで、そして効率的なのです。


第1章を実践してくださったあなたは、お金に対するメンタルブロックを外し、めぐってくるお金を自信を持って受け取れるようになっていますね。

さらにもう一歩進んで、お金を心から望んで、お金を呼んでみましょう。

お金を呼ぶために、明らかにしておかなければならないことがあります。

それは、

〝あなたはどうしてお金を欲しいと思うのでしょうか?〟

その理由です。

なぜなら、理由が明確であればあるほど、ほんとうに「お金が欲しい」という気持ちが強くなるからです。

そして、あなたがお金を心から望む理由は、「あなたがどのように生きたいと思っているか」に直結したものとなるはずです。

「あなたがどう生きたがっているか」がわかれば、「なぜお金が欲しいのか」も、自然と明確になります。

そうすれば、「生きたお金」に見つけてもらいやすくなりますよ。

お金を心から望むこと、というのは、意外とできていない方も多くいらっしゃいます。

お金に関する夢や目標をたずねると、多くの人が決まって、

「年収1000万円」

「宝くじで1億円当てて、家を建てる」

「ベンツに乗りたい」

などという答えを返します。

でも、**果たして、それはほんとうに「あなたの心からの望み」なのでしょうか。**

もし、世間が考えている「お金持ち」のイメージに影響されているとしたら、それは「あなたの心からの望み」ではなくなってしまいます。

鳳凰さんは真実を見通します。

あなたが心から望んでいるものではないということは、鳳凰さんにはすぐわかってしまいます。だから今、ここで時間をとって、次のアクションで「心から望むこと」について考えてみましょう。

action 12

「お金について心から望むこと」をイメージ

僕は、自分が行うイベントでは参加者の方に必ず、**「お金について心から望むこと」**を書き出してもらいます。


「心から望むこと」と聞いても、多くの人は、

「お給料が、月々、あと3万円増えたらいいな」

「家族で、もう少し広い家に引っ越したいな」

といった**「今の自分にできそうなこと」**や**「手の届きそうなこと」**に限定して、**漠然と考えてしまいがち**です。


もしくは、先ほどお伝えした「年収1000万円」「宝くじで1億円当てる」などのように、一般的なお金持ちのイメージのままを書き出します。

そのようなとき僕は、質問を変えて、

「最近、幸せを感じたのはどんなこと？」

「こうなったら最高というのはどんな状態？」

「理想の自分は何をしている？」

などとたずねます。


お金と人生はリンクしているもの。

お金と人生を、まっすぐにつなぎ直してみると、うまくいきやすいのです。


今がどうであるかは関係なく、「そういう自分になれれば、最高に幸せ」という状態を考えて書き出してみてください。

じっくり考えてもらうと、

- **野良ネコや捨てられたネコを保護してお世話をする施設をつくりたい**
- **家族全員が健康でいてほしい**

・**子どもたちに好きな道を選んで、願う人生を歩んでもらいたい**

などのように、身近な幸せをあげる人や、

・**暖かくて海が見える土地に引っ越したい**

・**大好きなブランドの服を買い揃《そろ》えたい**

・**毎月、海外に旅行に行きたい**

といった大きな夢をあげる人もいます。

1人ひとりにとっての「心から望むこと」は、それぞれ異なっていいのです。

心から幸せを感じるのは、どんなときか、自分に問いかけてみてください。

書き出してみて、心がワクワクするようだったら、それがあなたの「心から望むこと」です。

読み直してみて、あまりしっくりこなかったら、もう一度、考え直してみましょう。もしかしたら、心の奥に押し込めてしまっていた「心から望むこと」が出てくるまで、何度か問いかける必要があるかもしれないからです。

僕も以前は、「億万長者にならなければ、幸せになれない」と思い込んでいました。

その頃憧れていた人たちは、皆、成功したお金持ちだったからです。

当時は、自分の内側ではなく、まわりにばかり目が向いていたからでしょう。

でも**「ほんとうにそうなのか」**、自分にフォーカスして問い続けると、自分の心からの望みは「億万長者」ではないことがわかりました。

そこで軌道修正できたからこそ、今は心からお金を呼ぶことができるようになったのです。

action 13

具体的に必要なお金がいくら か数える

「心から望むこと」が見えてきたら、より具体的にそれがいくらになるかを考えてみましょう。

具体的にイメージできるようになれば、より強い力でお金を望むことができるようになります。

たとえば、あなたの心からの望みが、「暖かくて海が見える土地に引っ越したい」だったとしましょう。

そうであれば、

- **海が見える理想の家には、誰と一緒にいるのか**
- **理想の家には、どんな家具が置いてあるのか**
- **理想の家に住むあなたは、毎日、朝、起きてからどんな生活をしているのか**

- **何を身につけて、どんなものを食べて暮らしているのか**

など、細かい点まで「こうだったら最高」という状態を書き出してみるのです。

「家族全員が健康でいること」で、心から幸せを感じられるのであれば、

- **どのようなものを食べて、どのような生活をしているから健康なのか**
- **どのようなお店に家族揃って外食に行くか**
- **全員が健康だったら、一緒にどのようなことをしたら幸せか**

など、詳しく書き出してください。

そうすることで、「心から望むこと」が実現するためには、毎月払う住居費はだいたいこれくらい、食費はこのくらいで外食費はこのくらい、身につけるものは全員でこのくらいの金額だろう、という**目安がわかる**でしょう。

それを12ヶ月分で算出すれば、１年間にどのくらいのお金があれば「心から望むこと」が実現するかがわかります。

実際に書き出してみたら、最初は漠然と「年収１０００万円！」と思っていたけれど、５００万円で叶えられるとわかるかもしれません。

反対に「この生活をしたいなら年収３０００万円くらいないと足りないな」と思う人もいるでしょう。

どちらかが正解で、どちらかが不正解ということはありません。

実は多くの人が、〝自分はどうしてお金が必要なのか〟〝どのようにお金を使いたいと思っているのか〟をわかっていないもの。

漠然と「お金が欲しい」と思っているだけでは、鳳凰さんも、お金が持っている使命とあなたをマッチングしにくいのです。

まずは「心から望むこと」と「そのために必要な具体的な金額」を見つけること。

強い思いでお金を望み、鳳凰さんにサポートしていただきながら、進んでいきましょう。

手に入れるために、「お金を手放す」

生きたお金を呼べるようになったら、次に考えるのは「お金を手放すこと」です。もっと言うと、どうしたら心地よくお金を手放せるか、です。

「え、せっかく手に入れたのに、手放しちゃうの!?」と驚かれる方もいらっしゃるかもしれません。

僕が行う「金運上昇」のイベントでも、多くの人は先に手放さないといけないということに驚きます。

多くの人は、モノやお金を「手放す」ことに、あまりよいイメージを持っていませんよね。鳳凰マインドが身についていないと、「手放す」ことと、消費などの区別がつきにくいかもしれません。

気軽に手放すのは、怖くて不安に感じるでしょう。

そのため、どうしても、お金もモノもため込みがちになります。

そんな手放すことに不安を覚えるあなたに、ぜひ覚えて試してほしいことが2つあります。それは、先ほどもお話ししたことも含まれますが、

- **出すのが先、入ってくるのは後。出したら入ってくるということ**
- **感謝して送り出すことで、さらに大きくなって戻ってきやすくなること**

です。

「どう残すか」よりも、感謝して「どう使うか」が大事です。

手に入れるためにこそ、今のあなたに必要ないものは、思い切って手放していきましょう。でも、そうはいっても、まだまだ信じられない。先に手放してしまうのは不安。手放しても、どんなよいことが返ってくるのかわからない。

このように感じる方も少なくないでしょう。

皆さんに納得していただけるように、1つひとつお話ししていきます。

手放す練習として、お金以外のものから徐々に手放します。**どのようなものからどうやって手放せばいいのか、やりやすい順番に沿ってお話ししていきますね。**

action 14

「まず手放すモノ」で手放すことに少しずつ慣れる

僕たちは知らず知らずのうちに、たくさんのモノをため込んでいます。

僕は、自分が「心から望むもの」には必要ないと思うモノを手放し続けた結果、今では引っ越しをするのもタクシー2往復で終わるほど、持ち物が少なくなりました。

これは極端な例ですが、**誰でもまわりを見渡せば、必要ないモノはたくさんあるはずです。**

愛情を持って日常的に使われないモノ、何年もほったらかしで見向きもされていないモノたちは、生きたお金を呼び込むスペースを奪ってしまうばかりか、ときには豊かさの循環を妨げ、停滞させてしまいます。

まずは、どこの家にもある、「まず手放すモノ」を順にご紹介していきましょう。

❶紙類（チラシ、レシート、ポイントカード、ダンボール、ため込んだ紙袋）

鳳凰さんの世界では、**不要な紙類は邪気を吸い込む**と言われています。

そのため、

- **郵便ポストに放置しっぱなしのチラシ類**
- **お財布の中にパンパンに詰まったレシートやポイントカード**
- **ベランダに置きっぱなしにしてあるダンボール**
- **「いつか使うかも？」と、とっておいている紙袋**

などを、最初に手放してみましょう。

何を捨てたらいいか考えたいとき、まずは「風通しをよくすること」を意識するといいでしょう。

家の玄関は、外から中へ通じる場所。

郵便ポストも外と内をつなぐ重要なものです。

それなのに、郵便ポストはどうしてもすぐにチラシでいっぱいになりがち。

毎日郵便物を確認するときに、チラシは捨てていきましょう。

また、デリバリーで食事を頼まないのに「そのうち、頼むかも？」と、メニューを残している方も少なくないでしょう。デリバリーが必要なときは、インターネットで検索すればわかるはずですから、処分しても困らないでしょう。


とくに注意したい風通しは、「お財布の中」です。

お財布の中こそ、金運の通りをよくしておきたいもの。

買い物をしたときの**レシート**は、その日のうちにお財布から出して、必要ないものは手放しましょう。レシートをお財布に入れておくと出費ばかりを覚える偏ったお財布になってしまうので、レシート専用のケースを分けて持つのもよいでしょう。

ポイントカードも、たまりがちな「紙」の1つ。

1つひとつ見直して、必要ないものは処分しましょう。

僕はポイントカードは、頻繁に使うもの以外は持たないようにしています。以前はたくさんポイントカードを持って、「あ、今日はここがポイント3倍だからここで買おう」などと、ポイントを貯めて得した気分になっていました。

でも、よく考えるとポイントが貯まる店よりも、ほかのお店のほうが扱っているものの品質がよかったり、家から近くて時間がムダにならなかったりするかもしれませんよね。

貯まって使えるポイントのメリットがデメリットを上回らないことが多いと気づき、ポイントに振り回される生活はやめようと、ほとんどのポイントカードを手放したのです。

家の中の風通しも重要です。

ダンボールは、ゴミ収集場があるマンションなどでない限り、回収してもらえる頻度が低く、どうしてもたまりがちです。

僕のコミュニティに参加している方のお話をしますね。

コロナ禍の自粛期間中、外出を控えるためにインターネットで買えるモノを注文していたら、ダンボールが増えてしまって置き場所に困り、玄関に重ねて置いていたそうです。

数ヶ月間そんな状態だったのが、僕の話を聞いて、ダンボールはためずに処分するようにしたところ、停滞ぎみだった仕事に、新しい注文が次々と入るようになったと言います。

僕は、ダンボールをためないように、細かくちぎって燃えるゴミに出しています。

そこまでする必要はありませんが、できるだけコンパクトにまとめておき、収集日には必ず出すようにしましょう。

オシャレなブランドの紙袋なども、「誰かにプレゼントするとき使えるかも？」などと、とっておきがちですよね。

でも、よほど気に入っているものでない限り、実際はとっておいても最終的にゴミになったりしがちです。

プレゼントをするときは、ふさわしいラッピングを選ぶのも楽しみの１つ。

手頃な値段で買えるラッピング用品がたくさんありますから、今すぐ使わないものは思い切って手放してみましょう。

❷布類（いつか着たい服、ほつれてきたタオルやシーツ、穴の空いたソックスや下着類、布団やベッドパッド、カーテン）

次に、なかなか手放すタイミングがわかりづらいのが、タオルやシーツ、そして衣類などの「布」です。

「布」も「紙」と同様に、邪気をため込みやすく、豊かさの循環を妨げがちです。

さらには、**身につけたり、拭いたりと、自分の身体に接触するものが多いのもこの布類。身体に近いものこそ、普段から清潔にきれいに気持ちよく使うことが大事。**

邪気をため込まないようにしてください。

一通り見直して、思い切って手放していきましょう。

クローゼットの中に、体型が変わって着なくなったのに、「いつか、着るかも」ととっておいてある服はありませんか？

もしくは「ブランド物だから」「高かったから」と、捨てるのが惜しくてそのままになっている服はないでしょうか。

何年も放ってある服は、思い切って手放しましょう。何年も着ていないということは、今後も着ないものでしょうから、思い切って手放すのです。

どうしても「捨てる」ことに抵抗がある方は、最近では、途上国に寄付できたり、不要となった服の寄付を途上国の子どもたちへのワクチンに換えるサービスなどもありますので、利用するといいでしょう。

タオルやシーツなどは、よほどすり切れたり穴が空いたりしない限り、なかなか交換するタイミングを見極めるのが難しいかもしれません。しかし、ゴワゴワになったタオルは邪気を自分の力で浄化する力がなくなり、洗っても邪気がこびりついて落ちなくなるので、使えば使うほど邪気を帯びるようになります。

さらに、日常的に触れるモノがボロボロだと、「自分を大切にしている」という気持ちになりにくいものです。そして自己肯定感を下げて、豊かさの循環を妨げます。ゴワゴワになってきたなと感じてきたら、雑巾にしたり、処分したりしましょう。

下着や靴下なども同様です。

「まだ使える」かもしれませんが、**ほつれたり穴が空いたりしたものは、「お役目を全うしたもの」**だと考えてください。

予算の許す範囲で買い替え、1年に1回ほどを目安にして手放しましょう。

布団やベッドパッド、そしてカーテンも「布」ですね。

タオルやシーツほどはすぐにボロボロにはならないものなので、頻繁に手放さなくても大丈夫です。ただ、そのかわり、布団などはこまめに干して太陽の光に当てたり、カーテンは洗濯したりして、清潔に保ちましょう。

そして、汚れが落ちなくなってきたな、と感じたら手放すようにしましょう。

❸使っていないもの、壊れたもの（消費期限切れの調味料、冷凍したままほったらかしの食品、壊れたビニール傘、使っていないクレジットカード、化粧品、お守り）

使っていないモノ、壊れているモノも、身の回りに置いておかないほうがいい、代表的なモノたちです。壊れたまま放置されているモノ、長期間、使用していないモノたちは、お役目を全うできないままにほったらかしにされています。大切にされない悲しみや、使命を果たせない無念さなど、ネガティブなエネルギーが宿りやすくなっています。

コミュニティのイベントなどでお話しすると、皆さん「ある、ある」とうなずくのが、**冷蔵庫に入れっぱなしの消費期限が切れた調味料**です。使ってもらうことなく放置された調味料があると、マイナスのエネルギーが冷蔵庫に広まり、ほかの食品にも影響を与えてしまうのです。

中には、整理したら4～5年もそのままのものがたくさん出てきたという方もおられます。調味料以外でも、**冷凍したまま冷凍庫に入れっぱなしの食品**や、芽が出てきたのにそのままの野菜などは、すぐに手放しましょう。

また、なぜかすぐにたまっていくのが**ビニール傘**です。
出先で雨に降られてしまい、そのたびに買っていくと、どんどん増えていきます。
そして「どこでも買える」ビニール傘は、どうしても雑に扱いがちです。
そのため、骨が曲がったり破けたりしてもそのまま置きっぱなし。
そんなビニール傘とは、まとめてお別れしましょう。

意外と気づきづらい「使っていないモノ」の1つが**クレジットカード**です。
キャンペーンをやっていたからつくったけれど、結局使っていない。
いつも行くデパートのカードをつくったけれど、引っ越して使わなくなった。
そんなクレジットカードがあったら、思い切って解約しましょう。

また女性は、**メイク用品やネイル用品などの化粧品**を見直すと、使っていないモノ、古くなって固まったりして使えないモノがあるかもしれません。
見直して手放していきましょう。

初詣などで神社やお寺に行き、そのときに授かった**お守り**なども「捨てるのは気が引ける」とそのままにしがちです。

でも、**お守りのご利益があるのは、授かったあとの1年間**です。

1年所有していたお守りは、できれば授かった寺社に返納し、お焚き上げをしてもらいましょう。遠方の寺社であっても、郵送で受け付けてくれる場合もありますから、問い合わせてみるといいでしょう。

どうしても、授かった寺社に返納できない場合は、宗派に関係なくお焚き上げを受け付けてくれるところにお願いするのもいいですね。寺社で返納を受け付けているところもあるので、近くにあれば、そういった寺社に返納するのもよいですよ。

お寺と神社のお守りが混ざらないように。お寺のお守りはお寺に、神社のお守りは神社に返納しましょう。

「必要なモノ」「不要なモノ」「もしかしたら使うかも」分類

僕が手放すことの重要さをお話しすると、

「これは手放すべき、これはとっておいてもいいという基準はなんですか？」

という質問を受けることがあります。


豊かさをめぐらせるためには、まずは、先にご紹介した不要な紙、布、そして壊れたモノや使わないモノから手放すことをおすすめしています。

なぜなら、チラシやすり切れたシーツ、壊れたモノなどは「確かに必要ないかも」「そろそろ替えてもいいかな」と、抵抗なく処分しやすいからです。


手放すことに慣れてきたら、次に、もう一歩踏み込んでみましょう。

身の回りの整理をする場合の基準は、

「必要なモノ」

「不要なモノ」

そして「もしかしたら使うかも」の3つに分けて考えましょうとお話しします。

たとえば、

「必要なモノ」

↓スマホの充電器、パソコン、冷蔵庫、洗濯機など、現代の暮らしに欠かせないモノは手放す対象にはなりません。

ただし、長年使用してボロボロだったり壊れていたりする場合は別です。

「不要なモノ」
↓家電の取扱説明書は、今ではネットで見られる場合がほとんどです。
スーパーやコンビニでもらう割り箸や1回分の調味料
何かに使うかもと、とってあるビンや缶

古い雑誌
人からいただいたけれど、好みでないお皿や置物
などは、考えてみたら使っていないことが多いはず。
積極的に手放していきましょう。

「もしかしたら使うかも」
↓子どもが小さい頃に好きだったぬいぐるみ
一時期ハマっていた趣味の道具
ブランド物のバッグ
などがあてはまるかもしれません。

この中で「もしかしたら使うかも」に入っているモノは、**僕は、半年間使わなかったら「不要なモノ」にして、手放す対象**としています。
人によっては、「もしかしたら使うかも」と保留する期間が1年必要な場合もあるかもしれません。

なぜなら、季節性のあるモノなどは、次のシーズンが来ないと使うかどうかわからないことがあるからです。

でも、**1年以上置いていても、その間使わないモノはもう、この先使わないと考えましょう。**

必要になったら、またそのとき新たにお迎えすればいいのです。

これまで自分を喜ばせてくれたことに感謝して、気持ちよくお別れしましょう。

手放すことに不安を感じるのは「変化しよう」としている証拠

たとえ不要になったモノでも、なかなか手放す勇気が出ない。

そんな方には、僕は「不安を感じるのはよいこと」とお伝えしています。

なぜなら、何か新しい行動を起こすとき、不安はつきものだからです。


つまり、不安な気持ちになるのは、新しい行動を起こして変化しようとしている証拠。

人生を変えたいという積極的な気持ちがあるからこそ、この本を手に取り、モノを手放そうとしているのでしょう。

少しずつでもいいので、前に進んでいきましょう。


手放したら、空いたスペースに「心から望むこと」が入ってきます。

実際に、僕のコミュニティに参加しているある女性は、すり切れたシーツや布団カバーを手放そうとして、もう何年も開けていなかった引き出しを整理していたら、ヘソクリをしていた3万円を見つけました。

そして「手放そうとしなかったら、ずっと気づかなかった」と大喜びしていました。

また、**「ここで失ったら、二度と手に入らないかもしれない……」**と思ってしまうモノがあるかもしれませんね。もしかしたらその方の役に立てるかもしれませんので、僕の経験をお話しします。

僕には手放しを意識して行うようにしてからも、なかなか手放せなかったスーツがありました。そのスーツはオーダーでつくったもので、値が張ったという理由もあったので、「いつか着るかも」という思いから、引っ越しのときも迷いながらも手放せずにいました。

しかし、ある日決意して、感謝をいっぱい込めて手放しました。

初めは落ち着かない気持ちもありましたが、結局、仕事でも着ることもなく困ることもありませんでした。クローゼットで目にするたびに「手放すべきか手放さないべきか」と気になっていた状態も解消されましたし、新しい服も感謝ばかりの気持ちで迎えることができたのです。

お気に入りの服だけが並んだクローゼットに、より愛着も湧くようになりました。

鳳凰さんの教えは、この世では「お金もモノも感情も、すべてのものが循環している」ということでしたね。

そして、豊かさの循環に入るためには、まず先に出してスペースをつくることで、今のあなたにピッタリな新しいよいものがめぐってきます。

鳳凰さんは、自ら「人生を変えよう」と行動する人を応援してくださいます。

不安を感じても、少しずつ手放すことで、豊かさのサイクルに入ることができるのです。

action 15

「モノ」「情報」の手放し方

では、次はいよいよ、使い古した紙や布、壊れたモノや使わないモノ以外の「モノ」を手放していきます。

「情報」、そしてそのあとにはさらに「感情」「人間関係」まで踏み込んで、手放しを加速させていきましょう。

❶ もしかしたら使うモノを手放す

まず、モノの場合、手放す基準は、先にお話しした、

「必要なモノ」

「不要なモノ」

そして「もしかしたら使うモノ」の３つに分けてみるのが、やりやすいとお伝えしました。

やっかいなのが、「もしかしたら使うモノ」です。

誰にも、しばらくは使わないかもしれないけれど「結婚したときに親友からもらったアクセサリー」「子どものころにこれがないと眠れなかったタオル」など、思い入れがあって手放したくないモノがあるかもしれません。


モノに対して愛着がある場合、たとえすぐに必要でなくても「必要なモノ」に振り分けて、とっておいてもかまいません。

ただし、その場合、目につくところに飾る、こまめに手入れしてよい状態を保つなどして、常に気にかけましょう。


モノから心が離れてしまうと、だんだん「ただ消費するだけ」になってしまうことも。

消費して終わりでは、循環のサイクルから外れてしまいます。

あなたが愛情をかけられる範囲で残すのが、ため込んだモノを整理するときのポイントです。

感謝の気持ちがいっぱいのときに手放す。

これ以上長く惰性で持っていると、感謝の気持ちも薄れてしまうかも……と感じる前に手放すのです。

もし、トランクルームや保管サービスに預けているモノがあるとしたら、時間があるときに一度、1つひとつに向き合ってみてください。

気持ちが動かないモノは、思い切って整理しましょう。そうすることで、金運の流れを生み出します。

そして保管料が減れば、使えるお金が増えて一石二鳥でしょう。

❷（情報）スマホのアドレス帳や友人、画像を整理する

なかなか手をつけづらいのが、スマホにたまった電話番号やアドレス帳です。

近年では、電話番号から「知り合いかも？」と、友人を探し出して登録する仕組

みのアプリもあり、知らず知らずのうちに、どんどん増えていきます。

でも、たとえば、３００人の知り合いが登録されていたとして、あなたは全員の顔と、どこで知り合って何をやっている人だか、すぐに思い浮かぶでしょうか。

モノと同様、心が通っていない人の連絡先をいつまでも置いておくと、プラスになる新しい可能性のある人との出会いを妨げます。

豊かさをめぐらせようとするとき、「人」との出会いはとても重要なポイントになります。

僕も何度も、人からいただくよいお話やチャンスをいただいて、豊かさの循環を生み出すことができました。

また、アドレス帳を整理しているときに、気になった昔の友人に連絡をとったところ、仕事につながったという人もいます。

アドレス帳を整理する基準は、モノと同じで、

「会っている人（常にコンタクトをとる人）」

「会っていない人（1年以上、連絡をとっていない人）」

そして「もしかしたらまた会うかもしれない人（頻繁には会わないけれど、また会いたい人）」


の3つに振り分けます。

そして、「もしかしたらまた会うかもしれない人（頻繁には会わないけれど、また会いたい人）」のカテゴリーの人に、1年間、連絡をとらなかったら削除していくのが、僕のやり方です。

たまに、

「昔は仲がよかったけれど今はまったく連絡をとらなくなった人はどうすればいいの？」

などと聞かれることがあります。

でも、近年ではSNSが発達し、ほんとうに必要な場合は知り合いをたどったりするなどで、連絡できることがほとんどです。

「いつかは連絡とるかもしれないけれど、今は会わないだろう」という人は思い切って削除して、「新たな出会いのため」のスペースを生み出すことをオススメします。

また、もう1つ、知らず知らずのうちにたまりがちなのが、**スマホやパソコンに保管しているファイルや画像**です。

とくに画像は保存に必要な容量が大きく、容量をどんどん増やさなければならなくなって、有料で容量を増やし、月々の使用料がかさんでいる人も少なくないでしょう。

仕事でどうしても保管が必要な書類などは除いて、とくに画像は削除してみましょう。

たとえば、Instagram などのSNSに載せるための画像であれば、アップしたあとは役目を終えているはずです。

また、メモ代わりに写した画像や、誰かに情報を伝えるための画像なども、使命を果たしたあとは、必要ありませんよね。

同じシーンで何枚も写して「ハズレ」だった画像も、どんどん削除していきましょう。

一方で、旅の思い出がある画像や、友人とのひとときを写したものなど、見返して楽しい気持ちになれるものはとっておきましょう。

スマホは現代ではお財布代わりにもなっているため、スマホの状態は金運に密接に関係しています。

不要なデータは邪気を帯びていき運気を下げますし、スペースが埋まっていると情報運が下がりよい情報が入ってこなくなりますので、こまめに不要なデータの削除をするとよいでしょう。

手放すべき「モヤモヤした感情」

金運の流れを生み出すために手放すべきものの1つが**「モヤモヤした感情」**です。

皆さんは、

「〝感情〟を手放すって、どういうこと？」

と思うかもしれませんね。

ここでわかりやすく説明していきましょう。


その前に、そもそもの前提としてお伝えしたいことがあります。

僕は、**喜怒哀楽に代表される感情は、基本的にはどの感情にも優劣はないと考えています。**

怒りよりも喜びのほうがよい感情だと考える方もいるかもしれません。

そのようなときは感情を、天候と同じように考えるとわかりやすいかもしれませんね。天候に雨の日や晴れの日、嵐の日があるのと同じように、怒りや喜び、悲しみの感情を抱くのは自然なことだと思っています。

どの感情も、人に自然と備わっているものです。

注意しなければならないのは、「モヤモヤした感情」です。

モヤモヤした感情とは、それだけしか考えられなくなってしまい、頭から離れない感情です。

こうした感情は、よどみなく流れるはずの循環を停滞させてしまうことがあります。

たとえば、ハイブランドのバッグを持っている人をうらやましいと思う人は、ハイブランドのバッグを見るたびにそうしたモヤモヤした嫉妬の感情を抱き続けてしまいますよね。

ここで、いいなと思うバッグを見ても、「じゃあ、自分も持てるようにがんばろう！」と考えられれば、次のアクションへ感情が動いていきますから問題はありません。

でも、モヤモヤ感情は流れていきにくいものです。

嫉妬の感情などを抱いてしまうと、「ハイブランドのバッグを持てるなんて、悪いことをしているに違いない」と、メンタルブロックを生み出したり、「自分は〝悪い人〟ではないから、ハイブランドのバッグは持てなくていい」と、自分の願望を否定したり、見ないふりをしたりして、豊かさへの道を閉ざしてしまったりするのです。

見ないふりをした感情は、解消されることがありませんから、ずっとあなたの中にとどまってしまうのです。

鳳凰さんの世界で大切なことは、この世では「お金もモノも感情も、すべてのことが循環している」です。

感情も循環しているのです。

そのため、まわりの人と比べて悔しさや嫉妬の感情を持ち続けたり、怒りにとらわれて、**ずっと同じことを考えたりすると、流れがストップしてしまいます。**少しずつ、モヤモヤした感情を解放して手放しましょう。

action 16

循環をストップさせる「モヤモヤ感情」の手放し方

では、豊かさの流れを妨げる「モヤモヤした感情」は、どうやって解放すればいいのでしょう。

まずは、そこにあるあなたの感情を、そのまま受け止めることです。

多くの人は、怒り、嫉妬、不安などのネガティブな感情を持つのは「よくないこと」だと思っています。

そのため、怒りや嫉妬や不安などの感情を無視したり、「あるはずがない」と否定したり、見ないように目を背けたりします。

でも、**「ないこと」にしてしまった感情は、いつまでもそこにいて、くすぶり続けるのです。**

人間ですから、怒りや嫉妬や不安などのネガティブな感情を持つのは自然なことです。

「あ、今、自分は怒っているな」

「これは、嫉妬しているんだな」

と、**ありのままを認めてみましょう。**

それだけで、心が少し落ち着くはずです。

次に、**ネガティブな感情が生まれた要因となる、自分の気持ちに意識を向けてみましょう。**

多くの場合、ネガティブな感情は、あなたの本心を表しています。

たとえば、一緒に婚活していた親友が、先に素敵な彼氏を見つけた。

「え、なんで私じゃなくて、あの子なの？」

という怒りの感情が生まれたら、まずは「自分は今、怒っているな、嫉妬しているな」と、感情をそのまま受け止めてみましょう。

そして、その後「私は、親友が幸せになるのに、なんで嫉妬しているんだろう？」と、自分に問いかけてみてください。

するともしかしたら、「私には、そんな愛が手に入らないかも？」という不安や、「自分も早く、素敵な彼氏が欲しいから」という焦りがあるのだとわかるでしょう。

自分のほんとうの気持ちがわかったら、意識の行き場を親友ではなく、自分に向けてみましょう。

つまり、いつまでも「あの子がうらやましい」と嫉妬し続けるのではなく、「自分も素敵な彼氏を見つけよう！　そのために、まずは何をやるべきかな？」と気持ちを切り替えるのです。

もちろん、心を落ち着けて、自分のやるべきことに意識を切り替えるのは、そうカンタンではないかもしれません。

そんなとき僕は、**「ないもの」に目を向けずに、「今、あるもの」をリストアップ**

しましょうとお話しします。

たとえば、「今は彼氏がいない」「愛情を注いでくれる人がいない」と悩むのであれば、自分にも十分、愛情を持って接してくれる人がいることにフォーカスします。

少し考えれば、

「大人になっても、変わらず愛を注いでくれる両親がいる」
「ペットから毎日、無償の愛を受け取っている」
「職場の上司が、愛情を持って成長させようとしてくれる」

などと浮かんでくるでしょう。

ないものを気にするのではなく、今あるものに注意を向けるのは、「鳳凰マインド」に近づくための重要なポイントです。

第1章でも、自己肯定感を高めるために、人から褒められたことや喜ばれたことを書き出していただきました。

そうすることで、**豊かさの流れを妨げる「メンタルブロック」に気づき、外しや**

すくなるからです。

ネガティブな感情についても同じこと。

ネガティブな感情の奥底にある自分の心からの望みを見つけたら、「ない」という側面ではなく、「ある」ことのほうに光を当てるのです。

日本で発行されている10円玉の裏側には、平等院鳳凰堂が刻印されており、鳳凰さんを目にすることができます。

でも、反対の表側だけ見たら、数字が刻印されているだけです。

このように、**注意を向けるところを変えるだけで、見える世界が変わります。**

「ある」ものを意識することで、少しずつ、ネガティブな感情にとらわれる時間が減って、自分の望みを叶えるためにはどうしたらいいかというポジティブな方向に進むことができるようになっていきます。

あなたを幸せにしない人間関係からは遠ざかる

僕はよく、金運に関してだけでなく、人生全般をよくしていくためにはどうしたらいいかという相談を受けます。

そんなときに、基本的にお伝えするのが、**「あなたを幸せにしないモノや人間関係からは遠ざかる」**ということです。

あるとき、何をしてもグチや不満ばかりを言うパートナーを長年、働きながら支えてきた女性から「今後、どうしたらいいか」と相談を受けました。

「あなたは、どうしたいのですか」
「あなたは、どうなったら幸せですか」
とたずねると、しばらくは黙ったままだったその女性は「その彼とではなく、別の幸せを探したい」「自分を大切にしてくれる人と出会いたい」と答えました。

思い切って決断をして関係を手放したこの女性は、その後、願い通り、別の人と幸せな結婚をしました。

たとえ一緒に住む家族との関係でも、距離をおくのはよい解決策になります。「このように実践した」と僕に教えてくださった方の話をします。その方は両親と一緒に暮らしていましたが、あるときお互いに不満が募り、家庭内で別居状態になりました。そこで彼女は、何かと我慢することが多かった母親に個室を提供できる、一戸建てに引っ越しすることを提案したのです。

父と母、それぞれが自分の空間と時間を持てるようになると、心に余裕が生まれたのか、また元通りに仲良くなったと言われていました。

職場の同僚や子どものママ友など、日常的に会う人との関係にも、同じことが言えます。

あなたを幸せにしないネガティブな態度や言葉を発する人がいたら、距離をおくことです。

第3章でもまた詳しくお話をしますが、**鳳凰さんは循環をより推し進めるエネルギーとなる「愛と調和」を好みます。**

ですから、人の悪口やグチなどが多い人からは離れていきます。

つまり、あなたもネガティブな言葉や態度の人を身の回りから手放すことで、豊かさの循環を加速させることができるのです。

action
17

モノや人間関係に生まれる執着をほどこう

とくに最近は、環境の変化が大きく、これまでと異なる状況になるのを恐れ、さまざまなことに執着してしまう人が少なくないと感じます。

執着の大きな原因の1つが、「不安」です。

「執着」と言うと、恋愛関係を思い浮かべる人が多いかもしれませんが、**執着は、友人、お金、持ち物など、あらゆる対象に起こります。**

たとえば、「新しい恋人はもうできないかもしれない」といった不安から、さほど好きでもなくなった相手に執着したり、「ボーナスが減ったらどうしよう」という不安から、今あるお金を1円でも使いたくないと執着するなどです。

僕は、**執着を少しずつほどいていくためには、まずは、〝自分がほんとうはどうなれば幸せなのか、何が「心から望むこと」なのか〟を徹底的に知ることが**重要なポイントの1つだと考えています。

自分が心から幸せと感じられる相手がどんな人なのかがわかれば、「パートナーがいないとカッコ悪い」「1人でいるのは寂しい」といった理由で相手に執着する気持ちは薄らいでいくでしょう。

また、モノに対しても、「高かったから」「ブランド物だから」としがみつくのではなく、自分をよい気持ちにしてくれる大好きなモノが何かをわかっていれば、執着せずに手放しやすくなるはずです。

「二度と手に入らないかもしれない」という不安から起こる執着も、自分が心から望むものや状態が明確になれば、和らいでいくでしょう。

鳳凰さんは**「愛があるところに豊かさが育つ」**と言っています。

まずは第1章で紹介したアクションで、自分の理想の状態を知りましょう。できる範囲で自分を幸せにしていくことで、心に余裕が生まれます。

そして、次に大切なのは、ほんとうに好きなモノや人に囲まれて過ごすこと。大切なものがそばにあれば、自然と豊かな気持ちになり、執着よりも愛が育っていくはずです。そして、**愛を支えにして豊かさの循環が大きく育っていく**のです。

手元に残す理由があるモノだけ残す

今、僕の手元に残してあるモノは、１つひとつ、「なぜ、残してあるか」を説明することができます。

なぜなら、**僕のそばにいてもらう意味があり、愛着があり、いずれ手放すときが訪れても感謝とともに手放せる自信があるモノだけしか残していないからです。**

それは、時計や高級スーツなどといった、〝スゴいもの〟でもありません。

たとえば、**枕。**

これまでに手にした中でも、最高の寝心地でぐっすり眠れるからです。

僕は快適な睡眠を心から望んでいます。快適な睡眠は僕の「安心」の源をつくると考えているためです。

ほかにもたとえば、**部屋着の上下**。

居心地のよいおうち時間を過ごす要《かなめ》となってくれています。

僕の体にフィットして動きやすく、絶妙な長さで風通しがいいため、汗をかいても快適に過ごせます。

このようにして、**愛情を注げるモノだけを残すことが、自分を幸せにすることにつながり、心おだやかに豊かさの流れに入るコツだと言えるでしょう。**

ただ、モノは少なければ少ないほどいいわけではありません。

気に入っているモノであれば、ムリに手放す必要はないのです。

靴が大好きで、シーズンごとに、ファッションに合わせて異なるタイプの靴を揃えて、オシャレをすることが楽しいのであれば、それでいいのです。

でも、1つひとつのモノと向き合ったとき、まだ持っていたい理由が「このスタイルが好きだから」という**自分基準**ではなく、「持っているだけで、みんなにいいねと言われるから」「オシャレだと思われるから」という**他人基準**であったら、もう一度考えてみる必要があるでしょう。

「自分をよく見せたい」という気持ちの奥には、もしかしたら「ありのままの自分じゃ価値がない」という考えが潜んでいるのかもしれません。

もし、そうであれば、第1章に戻って、自分で自分を大切にし、自己肯定感を高めるようにすることで、モノや感情を手放しやすくなるはずです。


僕も、ルイ・ヴィトンのベルト、ルイ・ヴィトンの靴、ルイ・ヴィトンの財布を持ち、オーダーメイドのスーツに身を固めていた時期がありました。当時はまだまだ、「人よりスゴいと思われたい」という気持ちがあったのでしょう。

でも、鳳凰さんの世界に出会ってからは、少しずつ、ありのままの自分を認められるようになりました。

そして、ブランド物やオーダーメイドのスーツは、**必要だったときのお役目を全うしてくれたので、すべて手放した**のです。

今では、普段履く靴、打ち合わせ用の靴などと用途別に、履き心地や着心地がいいものだけを残しています。

役目を終えたモノを手放すときは「ありがとう！」

モノだけに限らず、何かを手放すときは「今までありがとう！」と、気持ちよく送り出しましょう。

これまで、あなたのそばにいてくれたモノだけでなく、感情でさえ、役目があってそこにあったのです。

今のあなたには必要なくなったということは、お役目を果たしてくれたということです。

気持ちよく感謝を持って手放し、「成仏《じょうぶつ》」してもらいましょう。

そうすることで、同じように感謝できる物事が戻ってくるのです。

先ほど、感情も循環するというお話をしましたね。

手放すときの感情がポジティブな感情であればあるほど、次にあなたのもとにめ

ぐりめぐってやってくるものもポジティブなものになってやってきます。

そのため、もしかしたら、「まだ、手放すのは惜しい」と思うモノがあるときは、ムリに処分しなくてもいいと思っています。

「惜しい」と考える自分の内面を振り返りながら、**感謝を持って手放せるようになったときにお別れ**していきましょう。

僕のコミュニティのメンバーの方に、離婚をきっかけに身の回りを見直して、思い切って多くのモノやパートナーに執着していた気持ちを整理した女性がいました。するとそれまでは専業主婦だったのに、２ヶ月もしないうちに自身でショップを開くことになり、初月の売り上げで50万円を達成したのです。

モノを手放し、スッキリとした気持ちでいれば、あなたにとってポジティブなものが舞い込んできますよ。

お金を手放すときは「行き先」をイメージしてみよう！

「モノ」「情報」「感情」「人間関係」を少しずつ見直すことができたら、次はいよいよ、お金の手放し方についてお話ししましょう。

多くの人は、お金を手放すときに、
「あ〜、今月もこれだけ電気代払わなきゃ」
「今日のランチ、けっこう高かったな……」
などのように、無意識のうちに「痛み」を感じています。

今あるお金が減っていくという一面だけにフォーカスしているから、支払いがつらいと感じるのでしょう。

「つらい」「手放すのが惜しい」という気持ちで送り出してしまうと、次にも同じ

ように感じる状況がめぐってきます。

鳳凰さんのお金の循環に参加するためには、お金の手放し方がとても重要だと言いましたね。この第2章でも手放し方に比重を置いています。

お金を支払うときに、痛みを感じなくするコツは、**「今あるお金がなくなっていく」という面ではなく、お金を手放すことで得られた何かにフォーカスすることです。**

たとえば、

電気代を支払っているからこそ、パソコンが使えるし、エアコンの効いた快適な部屋で過ごすことができる。電気が通ってなければ、日が暮れたら真っ暗になってしまいますし、テレビを見ることもできません。

同じように、水道代を払っているから、シャワーが浴びられるしトイレも使える。水道がなければ、料理も洗濯もすることができません。

お金を手放したからこそ、おいしいランチを食べることができた。

600円払ってカフェに行ったから、心地よい空間でコーヒーを楽しみながらリラックスできた。

お金のおかげで、電車に乗って快適に目的地に着くことができた。

……などなど。

そう考えれば、**お金があってくれたことに感謝できるようになる**はずです。

人と比べて「収入がこれだけ少ない」と嘆いたり、今あるお金に対して「足りない」と不満を持ったりするのではなく、まずはお金があるからできたことに目を向けて感謝しましょう。

そうすることで、さらに感謝できるような状況がめぐってくるのです。

action 18

お金を気持ちよく手放す練習

ではここで、実際にお金を気持ちよく手放す練習をしてみましょう。

まず、あなたが支払うのが「嫌だな」「つらいな」と思う何かを1つ、あげてみます。

家賃でも、電気代でも、生命保険でもいいでしょう。

そして、**その支払いをすることで得られるものを、10個書き出します。**

家賃であれば、家賃を払ったおかげでできていることを考えてみてください。

- **部屋がなければ、そもそも暮らしていくことができない**
- **雨風がしのげる場所にいられる**
- **心地よい空間で、仕事の疲れが癒せる**
- **家族で一緒に暮らすことができる**

など、10個書き出すころには少しずつ「**自分は、お金をよい行き先に使っている**」という満足感が得られてくるはずです。

1つの支払いについて書き終わったら、次の日は、別の支払いについて考えてみるのもいいでしょう。

そして、**これまで「払うのがつらい」と思っていた支払いをするとき、お金とそれを支払ったことで得られた何か、両方に感謝して、送り出しましょう。**

こうして少しずつ、気持ちよく手放す練習をすることで、豊かさがめぐるサイクルを自分から生み出すことができるのです。

action 19

お金がザクザク増える、家計簿のつけ方

よい行き先を持ったお金、お役目を果たしたお金は、豊かに育ってまたあなたのところにめぐってきます。

ここで、あなたが使うお金の隅々までお役目を与え、さらに豊かになって戻ってくることを実感する**最強の家計簿のつけ方**をご紹介しましょう。

まずはざっくりでかまいませんので、家計簿をつけて、何にどのくらいのお金を使っているか、把握してみましょう。

たとえば、

家賃8万円

光熱費2万円

通信費5000円

食費4万円

その他3万円
のように、ざっくりとお金の使い道を記録してみます。
次に、あなたが「ムダではないか？」と思う項目に目を向けてください。

もしかしたら、
カフェで1杯800円のコーヒーを飲むなら、800円のインスタントコーヒーを買えば、家で50杯飲めるかも？
今月は、思い切ってブランド物のお財布を買ってしまったから、貯金する金額が少なくなってしまった。
などと、ちょっぴり後悔が浮かんでくるかもしれません。

でも、心地よい空間で800円のコーヒーを味わったら、リラックスできてずっと気になっていたことの解決策が浮かんだかもしれません。
お気に入りのブランドの財布を手にしたら、毎日、目にするたびにウキウキできて、会う人すべてに親切にできるかもしれないのです。

そうであれば、そのお金は決してムダ使いではありません。

鳳凰さんの世界では、気持ちのこもらない、意味のないお金の使い方、ただただ消費するだけで循環を終わらせてしまうお金はムダ使いだと考えられます。

でも、その逆に、実は無意識であったけれどしっかり「生きたお金」のためにお金を使っていたということもあります。

家計簿をつけながら、

「あ、このお金で友だちに誕生日プレゼントを買ったら、喜んでもらえたな」

「思い切ってビニール傘をやめて、オシャレな傘を買ったら、大切に扱うようになった」

など、**お金を使って得られたプラスの気持ちやできごとを書き込んでみましょう。**

そうすることで、そのお金の役割がはっきりとします。

こうしてポジティブな役割を得たお金は、喜んで出ていって、また大きく育って返ってきてくれるのです。

ブランド物も海外旅行も浪費ではない？

僕は、**お金を使うことが「浪費」になるか、それとも、のちに大きくふくらむ「投資」になるか**は、使われる目的によって分かれると考えています。

たとえば、ブランド物のバッグや靴を買うときに、「このブランドのコンセプトが好き」「こんなデザインはほかでは見つからなかった」といった、**自分の好きを極めた結果なら「投資」**です。

購入することで、なんらかのポジティブな影響を及ぼしてくれるでしょう。

でも、「これを持っていたら、リッチに見えるかも？」「モテるかもしれない」といった、**自分ではなく他人からの評価などのために買うのであれば「浪費」**です。

また、飛行機でファーストクラスに乗るのも、到着してすぐに会議があって、どうしても機内でゆっくり眠りたいとか、ファーストクラスに乗る人の気持ちを知りたいなどの**自分なりの理由があれば「投資」**です。

一方、「機内でチヤホヤしてもらえる」「最初にチェックインできるのがカッコいい」といった**他人軸の考えであれば「浪費」**になるでしょう。

僕も以前は、「海外旅行は、お金のムダ使い」と考えていて、なかなか行く勇気が出ませんでした。

でも「旅行でリフレッシュして仕事への気力を養う」という目的を持って行ったところ、心から楽しめて「また、次に来るためにがんばろう」という気持ちになれたのです。

action 20

あなたが思う「自分の財産」を見つける

僕があるとき受けたセミナーで、**「あなたが〝自分の財産〟だと思うものを書き出してください」**というワークがありました。

「自分の財産は？」と聞かれると、多くの人はまず、貯金やそのほかの資産を思い浮かべます。

そのあとで「手先が器用」「聞き上手」などの自分が得意なことを書き出します。

実はそのときは「自分の財産」を100個リストアップしなければならず、なかなか100に届かなかった僕は、「麻雀ができる」なども苦しまぎれにひねり出していました。

ところが途中で講師の方に、**「あなたにとって〝人〟は財産ではないの？」**と言われたときに、僕はハッとしました。

1人でがんばっているつもりでも、応援してくれる家族がいるし、助けてくれる人もいる。

仕事を教えてくれる先輩がいたり、励まし合える同僚がいたり。

毎朝、笑顔であいさつしてくれるご近所さんだって、あまり会わないけれど気の合う学生時代の友人だって、自分の財産だった。

そう気づいて書き出してからは、すぐに100個を超えることができたのです。

豊かさは、人によってもたらされることが多いものです。

直接、取引をしたり雇っていただいたりするだけでなく、人が人を紹介してくれたり、豊かになるための情報を教えてくれたりするものです。

人は1人で生きていくことはできません。

自分とご縁がある人を〝財産〟だと考えて、大切にしてみてください。

そして、

「もしもその〝人〟をお金に換算してみると、どれだけの価値になるだろう……？」

と、少し考えてみてください。

おそらく、数字で考えるのは難しいほど大きな存在だと感じたのではないでしょうか。

〝人〟という財産を実感するだけで、あなたはかなり多くの富を持っていることに気づいたはずです。

モノやお金だけでなく、人に対しても愛と感謝を持って暮らしましょう。

そうすることで、お金サイクルだけでなく、あらゆる富を包含した「豊かさのサイクル」もぐんぐん回っていきます。

ではここで少し時間をとって、あなたにとっての「財産」を10個、書き出してみましょう。

自分の持ち物や能力だけでなく、「人」にフォーカスしてみましょう。

そうすれば、10個はカンタンに出てくるはずです。

もしもたくさん出てくる場合、10個に限定せずに、どんどん書き出してください。

そして、もう、これ以上は出てこなくなったら、じっくりと見直してみましょう。

あなたは今、自分がたくさんの「お金にとどまらない財産」を、すでに持っていることに気づくはずです。

最強吉日の「鳳凰日」

日本の暦には「鳳凰日」はありませんが、中国の暦には「鳳凰日」があり、この日に財運アップの儀式を行う風習があります。

そのため僕は、「鳳凰日」に金運アップのためのアクションを行うと、鳳凰さんの強力なバックアップを得られて、効果が長続きすると考えています。

鳳凰日には、鳳凰さんにまつわるアクションを行うことをおすすめしています。第4章でもいくつかアクションを紹介していますが、そのほかにもおすすめしたいのは次のようなアクションです。

・**華やかな服装でお出かけをする**

鳳凰さんは華やかな色が大好きです。鳳凰さんに見つけてもらうためにぜひ、赤やオレンジ、青などの鮮やかな色を身につけてお出かけをしてみましょう。

・鳳凰さんを見る

たとえば、鳳凰さんを見る、のもおすすめです。一万円札や十円玉に描かれた鳳凰さんや、鳳凰さんの置物や絵をじっくり見るのも良いでしょう。

ここで、２０２３年の鳳凰日をご紹介します。２０２４年以降の鳳凰日については、僕のYouTubeやＳＮＳで都度紹介する予定ですので、ご確認ください。

＊２０２３年の鳳凰日
1月２日、1月30日、２月20日、３月20日、４月17日、５月21日、６月18日、
７月16日、８月12日、９月９日、10月７日、11月４日、12月４日

鳳凰日はこれからの幸運を願ってアクションをする日ですが、**たとえ小さくても、この日に行ったアクションが将来大きな運となり、戻ってくる**と言われています。

ですからぜひ、小さくともアクションを起こしてみてくださいね。

第3章

「愛と調和」で ドンドン 金運上昇！

「愛と調和」に満たされると金運はどうなる？

ここまで、第1章では、鳳凰マインドを身につけて、金運の流れを妨げているメンタルブロックを取り除き、めぐってくる豊かさを受け取る器をつくりました。

第2章では、心から望むものを呼び込み、停滞しているあらゆる物事を手放すことで、自ら金運の流れを生み出しましたね。

そして、第3章では、「愛と調和」のエネルギーを使って弾みをつけて、金運がめぐるサイクルをさらに大きく、ぐるぐると育てて回していきます。

これまでもお話をしてきましたが、鳳凰さんは「繁栄と調和」「愛と平和」を司る瑞鳥です。

その理由は、鳳凰さんがあらゆることの**サイクルを回す原動力が、実は、「愛と調和」だからなのです。**この力を使って鳳凰さんは「繁栄と平和」をもたらします。

そして、**愛と調和をどちらも包含する最強の感情が「感謝」**です。

感謝には力があります。

感謝してお金を手放し、送り出すと、お金の循環に勢いがついて入っていくようになる。

そして、手放したものはもっと大きな勢いをつけてあなたのもとに戻ってくるという話をしましたね。

「鳳凰マインド」に近づくと、予想もしなかったような方法で金銭的なピンチを救っていただいたり、考えてもみなかった大きな豊かさがめぐってきたりします。

まず、**この章の初めに、僕のまわりで起こった「ありえない！」と言いたくなるような、奇跡の例をいくつかお話ししましょう。**

「はじめに」でお話ししたことですが、僕自身、どうしても30万円必要だったとき、期日の前日に30万円が振り込まれていた経験があります。

何もしていないのに、保険会社から数十万円の払い戻しがあった人もいます。

僕の YouTube の視聴者さんは、この本に書いてある金運アップアクションを続けて半年もしたころ、ある日突然、家を手に入れることができたそうです。大家さんの税金対策の関係で、今、賃貸で借りている戸建ての家を、わずか数万円で「買わないか?」と提案されたのです。

宝くじで、1億円当選した方もいます。

「〝絶対に戻ってこない〟と諦めていたのに、貸していたお金が1・5倍になって返ってきました」と言われた方や、「夫の実家から前触れもなく200万円を渡されました! おそらくは初孫である長男の学費に使いなさいということだと思います」など、臨時収入に喜ぶ方もいらっしゃいます。

また、僕のコミュニティイベントに参加してくれたある女性は、「子どもが欲しい」と願っていましたが、その年に子宮の手術をしたばかりで、お医者さんからは「妊娠するのは難しいかもしれない」と言われていました。ところが、イベントの翌週に、妊娠していることがわかったのです。

自分に対して愛を向けると、心が豊かに満たされます。

すると、**自分を満たしてあふれた分でまわりの人やモノ、そしてこの世に存在するすべてに対して思いやることができ、愛の循環が始まります。**

そうして「自然の循環と調和をとる」ことで、存在そのものが調和である、鳳凰さんと親しむことができます。

このエネルギーが循環をさらに加速させ、大きく育てていくことで、お金の心配や不安を抱えることなく、豊かに暮らしていけるのです。

「ABT」で徹底的に基礎を強化する

僕はたった数年で1500万円の借金を完済したことで、多くの方から「何か秘策があったのでは？」とよく聞かれます。誰も知らないような特別な方法を実践したからこそ、あっという間に借金を返せたのだと思われがちなのでしょう。

ですが、**ここで僕がお伝えしたいのは、「ABT」を地道に実践してきたからこそ、今があるということ**です。

「ABT」とは、僕がつくった略語で、

A＝あたりまえのことを

B＝バカにせずに

T＝徹底的にやる

ということです。

「A＝あたりまえのこと」とは、どんなことでも自分が決めたことだとお話をします。たとえば、「笑顔であいさつをする」「トイレを毎日きれいにする」など、自分がよいと思うことを、徹底的に行うのです。

僕の考える究極の「あたりまえのこと」とは、常に「愛」を忘れないということです。

たとえば、自分への愛を忘れずに、好きなことやりたいことで満たそうとする。モノへの愛を忘れずに、そばにいてもらいたいと思うモノだけを厳選し、大切に扱う。

住む場所や使う道具への愛も忘れずに、常に清潔に維持して心地よく暮らす。まわりの人への愛を忘れずに、常に相手が喜ぶことを考えて実践する。これが、豊かな気持ちと豊かさの基本ではないかと考えているのです。

でも、僕がこうお伝えすると、多くの人は、まるで僕が悟りを開いた聖人のような人間だとか、すごくよいことばかりしていないと豊かさはめぐってこないのかとガッカリします。

でも、**日々、愛を持って暮らすのは、そんなに大変なことではないと思うのです。**

僕はなにも、皆さんに「恵まれない子どもたちに、多額の寄付を積極的にしましょう」などと提案しているわけではありません。

もちろん、できる人、やりたい人はやればいいでしょう。

でも、僕がお伝えしたいことは、もっともっとシンプルで身近なことです。

- **コンビニで「ありがとうございました」と言われたら、自分もお礼を言う**
- **友人が落ち込んでいたら「何かあった？」と話を聞いてみる**
- **こまめに掃除をして、モノや身の回りを清潔に保つ**

そんなことをコツコツと積み重ねていくことで、豊かさの基礎がしっかり固まっていくのです。

どんなスポーツでも、基礎をしっかり積み重ねるからこそ、試合で力を発揮することができます。たとえば、サッカーであればパスやシュート、野球であれば素振りや守備の練習などをしないで、いきなり本番で活躍することはないでしょう。**金運を高めるのも同じだと思うのです。**もちろん、忙しい毎日でストレスがたまったりして、愛を持って暮らすのが難しいときもあるかもしれません。そのようなときは、5分でも10分でもいいので、自分のための時間をとって、お気に入りのカフェに行ったり、YouTubeを見たりと、好きなことをしましょう。

まず自分に愛を満たそうとすると、まわりに気持ちが向くようになります。

「ABT」をしっかりと実践してみたからといって、すぐに翌日に、宝くじに当選したり、お給料が2倍になったりすることはないかもしれません。

でも、基礎ができてくると、金運が急激に高まるときがやってきます。

あせらずに、コツコツと積み重ねていきましょう。

僕も、借金の返済に苦しんでいたときに、徹底的に基礎を鍛えたからこそ、さまざまな人の助けや奇跡に恵まれて、予想外に早く完済することができたと確信しています。

action
21

離れて住む家族に電話をしてみる

ではここで、身近な人に「愛」を伝えるアクションをしてみましょう。

僕たちはどうしても、パートナーや家族など、身近な存在になればなるほど、思いやりのある言葉をかけたり感謝を伝えたりするのを忘れがちです。

そのため、**あえてここで、もっとも身近な存在である家族に連絡をするアクションを行ってみましょう。**

ただ、ご家族にどうしても「愛」を感じられない方は、無理にしなくても大丈夫です。**あなたが素直に「愛」を感じられる方にしましょう。**

また、もしご家族が亡くなられているという方は、ご家族のことを頭の中で想像して、想像の会話をしてみても大丈夫です。

僕は、鳳凰さんの世界に触れたあと、勇気を出して数ヶ月ぶりに家族に電話をしてみました。

それまでもたまに連絡はしていましたが、そのときから、とくに用事はなくても毎日かけてみることにしたのです。

毎日決まった時間に数分ですが、正直に「元気でいるかどうか、気になったから」と伝えると、非常に喜び、それから僕の電話を心待ちにしてくれるようになったのです。


家族と一緒に暮らしている方であれば、離れたところに住む祖母や祖父に連絡をするのもいいでしょう。家を離れて学校に通うきょうだいや、別の場所で家庭を持ったきょうだいなどに連絡するのもいいでしょう。

最初は照れ臭いかもしれませんが、喜んでもらえると、こちらも電話をするのが楽しみになります。

僕は、そんなことを繰り返しているうちに、豊かさのサイクルが確固としたものになり、さらに大きく育っていることを実感できるようになったのです。

豊かさや幸せに上限はない！

あなたは、「この世界は幸せと不幸せは50：50で半分半分の量になるようになっている」という話を聞いたことがあるかもしれません。

「幸せになりすぎるのが怖い」とおっしゃる方もいるかもしれません。

もしかしたら、「豊かさには限度がある」と考える方もおられるかもしれません。

でも、**鳳凰さんの世界を感じ、鳳凰マインドで生きてきた僕は、豊かさの流れは無限にあり、誰でも望むだけ大きく育てられると考えるようになりました。**

さらに、豊かさは、まわりと調和し愛を交換することで、もっともっと大きく揺るぎのないものになっていくのではないかと思っています。

そのときに**カギになるのが、自分から豊かさを与えていくこと**です。

たとえば、僕はコミュニティのメンバーさんに定期的にプレゼントをしています。

「○○賞」とさまざまな賞を決めて、それに入賞した人や、ビンゴ大会を行って勝利した人などに、賞品を渡しています。

すると、サロンのメンバーさんは、僕がちょっとコメントで困っていると伝えたことや、知りたがっている情報などをすぐに教えてくれます。

そして、教えていただいた情報をもとに行動すると、また豊かさが増えていくのです。

今思えば、僕が数年で1500万円の借金を完済できたのも、まわりと調和しながら愛を持って与えることを、地道に続けていたのが最大のカギだったと言えます。

たとえば、ご縁があってお話しする機会をいただいた方が、YouTubeでの発信方法についての知識がなかったら、僕が知っていることをすべて教える。

副業について興味がある方であれば、僕の経験からその方に向いているものをご提案する。

「ABT」で、自分から先に与え続けたからこそ、豊かさの大きな流れに調和できたのです。

こうして、**自分が持つものを分け与えても、豊かさは減っていくわけではありません。**

逆に、人にお伝えすることで、自分でわかっていなかったことが明確になったり、さらにもっと教えたいと新たな情報を学んだりして、自分の豊かさはどんどん育っていきます。

自分ができることを精一杯やることで、人の豊かさの助けを借りることもできる。

そうして、想像もつかないほど大きな、鳳凰さんの「豊かさのサイクル」に調和していくことができるのです。

action 22

「その人から学んだこと」を見つける

ここで、与えることで豊かさがどんどん増えていくのを実感できるアクションをしてみましょう。

誰でも人に与えることができる「豊かさ」の１つが、褒めることです。

その人のよいと思う点を見つけて口に出すことで、相手は「認めてくれた」と豊かな気持ちで満たされますし、喜んでいる姿を見れば自分も幸せな気持ちになるでしょう。

褒めるときは、あなたがほんとうに「いいな」と思う点を具体的にお伝えするのがポイントです。

僕がよくやっているのは、ただ相手のよいところを見つけて伝えるだけではありません。

僕は、ご縁があって会う方すべてに、何かしら学ぶ点があると考えています。

そのため、どちらかというと、**「よい点を見つける」というよりは「自分が学ぶことができた点をお伝えする」のを心がけているの**です。

たとえば、

「ほかの人に気配りをしていたところに感動しました」

「自分からまわりの人に進んで声をかけておられた点が勉強になりました」

「自分も、楽しいエピソードでまわりを和ませたいと思いました」

などを、**もし言葉で伝えるチャンスがなければ、メモにして渡していたのです。**

自分が感動したことをお伝えすると、相手との距離が縮まります。

そして、多くの人と豊かな人間関係を築くことで、人の豊かさのおすそ分けをいただくことができます。

人を紹介していただいたり、具体的な仕事につながったりしたことも一度や二度ではありません。

そうして、自ら与えることで、豊かさはどんどんふくれあがっていくのです。

あなたも、**相手から学ぶことができた何かを、口に出して伝えるよう心がけてみましょう。**

まずは、身近にいる家族や同僚などから始めてみましょう。

それだけで、家族の仲がよくなった、苦手だった上司の態度が変わったなどの変化が起こります。

そして、お互いに豊かな気持ちになれれば、愛と調和に満たされ「鳳凰マインド」に近づくのです。

豊かさは「感謝」で大きく育って返ってくる

あなたから始まった豊かさは、鳳凰さんのパワーで大きく育って返ってきてくれることを忘れてはいけません。

お金を払うことで得られるものをしっかりと意識し、気持ちよくお金を送り出す。そうすることで、お金はもちろん、金運につながる人との出会いやお金を育てる情報などの、豊かさに恵まれるための状況がもたらされるのです。

よい手放し方をすれば、あらゆるものは鳳凰さんのパワーで、数倍、数十倍、ときには数百倍にも育ってあなたのところに返ってきます。

もちろんそれは、同じものがバージョンアップしてあなたのところに戻ってくるということではありません。

いつ、どこから、どんなカタチで返ってくるのかはわかりません。

でも、もっともっとあなたを喜ばせ、心から幸せになれるものや状況となって返ってくるのです。

よい手放し方をする、そして、豊かさを育てる大きな力となるのが「感謝」です。

１００円でも２００円でも、「これしかない」と思わずに、お金が今あってくれることに感謝する。

そして、支払ったお金でできたことにも感謝する。

ないものを数えるのではなく、あるものに目を向けて「ありがたい」と思う。

その姿勢を意識することで、鳳凰さんに応援されて豊かさのサイクルを育てることができるのです。

action 23

「最近感謝したこと」の発見

ではここで、日々のできごとで感謝できることを10個、書き出してみましょう。

・電車が時刻表通り動いていたから、遅刻せずに会社に行けた
・家族みんなが元気でいてくれた
・おいしいチーズケーキを食べた
・トイレ掃除をして、気持ちがすっきりした
・公園を散歩したら、きれいな花が咲いていた
・奥さんがお弁当をつくってくれた

など、昨日あったこと、今日起きたことだけでなく、振り返ってみれば、今、あなたがいる状況など、感謝できることはたくさんあるはずです。

戦争のない時代に日本に生まれたことや、ご両親に大切に育ててもらったことなども、感謝に値するでしょう。

道路が整えられているから、快適に車で走ることができる、インターネットがあるから、オンラインで人と話すことができるなど、感謝できることは、「あたりまえの日常」の中にもいくらでも見つけることができるはずです。

日々の生活を「あたりまえ」で終わらせず、感謝できる側面を見出す。

これが習慣として身につけば、豊かさをグングン引き寄せることができるのです。

action 24

小さな感謝を口にしよう

感謝できることを書き出してみたら、そのままで終わらせずに、小さな感謝を口に出してみましょう。

たとえば、毎朝お弁当をつくってくれる奥さんに、「いつも、ありがとう」と言ってみる。

家に帰ったとき、家族が「おかえり〜」と言ってくれたら、照れずに「ただいま！」と言ってみる。

たとえ家族と一緒に住んでいなくても、感謝を口にできる機会はたくさんあるでしょう。

いつも一生懸命に仕事に打ち込んでいて、よい刺激を与えてくれる同僚にお礼を言う。

電車のホームを掃除してくれる方に「ありがとうございます」と伝えてみる。
コンビニで何か買ったときに「ありがとうございました」と言われたら、その品物を手にできたことに「ありがとう！」と言ってみる。

そんな小さなことでも、口に出してみると、相手はとても喜んでくれるはずです。

言葉に出して感謝を伝えることで、あなたから感謝の流れが生まれます。

１日だけでなく、感謝を口にすることが習慣となれば、豊かさのサイクルを大きく育てる力となるのです。

action 25

お金を払うときは「いってらっしゃい」、お釣りをもらったら「お帰りなさい」

いらないモノ、使わないモノなどを少しずつ手放すことができてきた。

でも、どうしても、お金がぐるぐるとめぐって戻ってくることが実感できないという方に、とてもカンタンにめぐりを実感できることがあります。

それは、**お金を支払うときに「いってらっしゃい」と言い、お釣りをもらったら「お帰りなさい」と言うことです。**

お釣りとして戻ってきてくれるお金にだけでなく、毎月あたりまえのように振り込まれるお給料も、入金された日には、その金額を見ながら「お帰りなさい！」と言ってみましょう。

銀行口座から引き落とされる電気代や水道代にも、金額を見ながら「いってらっしゃい」と言ってみるといいでしょう。

声に出さずに、心の中でつぶやくのでもかまいません。

自分のもとを出ていく、あらゆるお金を気持ちよく見送り、どんなに細かいお釣りでも、返ってきたら喜んで迎える。

それを繰り返すことで、お金が自分のもとを離れても、また戻ってきていると、少しずつ感じられるようになるでしょう。

僕はよく、お釣りで5円玉がもらえるように計算してお金を渡して、お釣りでもらう5円玉を集めています。

なぜ5円玉かというと、5円玉は「ご縁につながる」という語呂合わせから、縁起がよいとされているからです。

5円玉は1枚だけでなく、数が増えても、
3枚だと「十分にご縁（15円）がある」
4枚だと「よい（4枚）ご縁がある」
5枚だと「二重にご縁がある（25円）」

などと言われることもあります。

そして、できるだけ5円玉を集めて、神社に参拝するときにお賽銭《さいせん》として使っています。

5円玉が来るたびに「ありがとう!」、そしてお賽銭に使うときに「いってらっしゃい」と感謝を込めて送り出す。

それを小まめに繰り返すことで、お金がめぐるサイクルを実感しています。

感謝を意識し、お金に「いってらっしゃい」「お帰りなさい」とあいさつをするようになった方からは、臨時ボーナスをもらえたり、事業で補助金を受けることができたりしたという報告をいただいています。

教えるようになってから流れが変わった

僕が、「豊かさは循環している」と強く確信できるようになったのは、豊かになるための知識を人に教えるようになってからです。

１５００万円の借金を抱えながら、仕事を掛け持ちしていた頃は、とにかく人生を変えようと必死で学び続けていました。

運気をよくする方法や金運を高める方法だけにとどまらず、脳の仕組みなどをはじめとする自己啓発、経営やマーケティングなどのビジネス、そして宇宙の仕組みまで幅広く学んでいたのです。

でも当時の僕は「自分なんてまだまだ」という気持ちが強く、いくら知識を得ても自分に満足することはありませんでした。今から思えば、情報を得ることで満足してしまう、「ノウハウコレクター」に近かったのかもしれません。

ところが、あるとき参加した交流会で、仕事を掛け持ちしたり副業をしたりしていた僕に、副業のやり方を「もっと教えてほしい」という人が現れたのです。

そのとき初めて、僕は**「自分の知っている情報は、もしかしたら誰かの役に立つかもしれない」**と気づきました。そして、副業のやり方をメルマガで配信してみたのです。

副業についてまとめた教材で、最初に得られたのは教材代の10万円でした。それでも、知っていることをため込まず、自ら発信したら10万円となって返ってきた。

そのとき僕は、鳳凰さんの「豊かさの循環」に入るポイントである「先に出せば、入ってくる」というのを実感したのです。

「豊かさのサイクル」は、お金サイクルよりも強く大きいサイクルです。

豊かさのサイクルを意識するようになると、お金サイクルの流れがそれまでよりもさらに大きく動き始めます。

会社勤めをしていたときの企業年金が解約されて振り込まれたり、知らず知らずのうちに払いすぎていた税金が戻ってきたりなど、臨時収入が押し寄せ、奇跡と思えるようなできごとが次々と起こるようになったのです。

人に「与える」ことで、豊かさの循環が育っていく

鳳凰さんが伝える豊かさのポイントは、自分から先に出すこと、手放してスペースをつくることでしたね。そして、第2章の最後では、**まわりの人も「財産」になる**というお話をしました。まわりの人にも、自分ができることを先に与えることで、豊かさが大きく育って戻ってきます。


僕が行うイベントなどで、こうお話しすると、多くの人は、

「え、でも私には人に与えられるものなんかないし」

「何をしてみたらいいかわからない……」

などと尻込みをします。


でも、第1章で「喜ばれたこと」などを書き出すアクションをしましたね。

そこで、あなたが何気なく行ったことで、人に喜んでもらえたことはたくさんあるとわかったはずです。

たとえば、

- **相手に話しかけるときに、笑顔で名前を呼ぶ**
- **スイーツがおいしいカフェの情報を教える**
- **みんなが集まって楽しんでいるときに、写真を撮ってみる**
- **エクセルに詳しいなら、同僚が困っていたら教えてみる**

こんな小さなことでも、あなたにできることはたくさんあります。

こうした小さなことでも、今の自分にできることを人に与えていくと、豊かさがめぐり始めます。

そして循環するうちに大きく育ち、またあなたのところに戻ってきます。

人から何かしてもらう前に、まず自分から与えることを心がけていきましょう。

action 26

人に会うときは人数分のお土産を持っていく

僕がまだ1500万円の借金を抱えていた頃から実践し、そのおかげでのちのち「豊かさのサイクルは、やっぱりめぐっているんだ」と実感できたことの1つが「お土産を渡すこと」です。


僕はそもそも愛知県の出身で、のちに福岡県に引っ越しました。

仕事や人に会うために東京に行く機会が多かったときは、地元のお菓子を持参することで、

「わ〜、九州行ったことないです」

「こんなお菓子、初めて見ました」

などと、喜んでいただいていたのです。


そんなことが繰り返されると「次は何を持っていったらいいかな」と、選ぶのが

とても楽しくなりました。

このとき気をつけたのが、その場におられる方だけではなく、関係者の方全員に行き渡るようにしたことです。

10人なら10個、20人なら20個以上あるものを選んで持参していました。

その場がお土産の話題で盛り上がるのはもちろんですが、その後、僕のことを覚えていただき、人を紹介してもらったり、実際に仕事につながったりしたことも一度や二度ではありません。

そのため僕は、**自分の予算に最初から「お土産枠」をつくり、今でも人に会うたびにお土産を渡しています。**なんとなく渡すのではなく、「必要な予算」として最初から組み込んでおくのです。

ではここで、実際に「お土産を渡す」アクションをしてみましょう。

もしかしたら、あなたは毎日、ほぼ同じ人たちと接していて、あらためてお土産を渡すのは照れくさいと思うかもしれません。

でも、「昨日、散歩に行ったら、老舗のおせんべい屋さんを見つけたんです」とか、「そろそろ暖かくなってきたから、春らしい色のクッキーを買ってきました」など、理由はなんでもいいのです。

月に1度でもいいので、まわりにお土産を渡してみましょう。

毎日、顔を合わせている家族にだって「家の中が明るくなりそうだから」と、花を買って帰ってもいいですし、みんなで遊べるゲームを選んでもいいでしょう。

僕は、第1章でご紹介した「自分のための時間をつくる」のと、「人にお土産を渡す」のを行うようになったことで、豊かさは自分を通してめぐっているし、さらに自分から人に与えることで、しっかりとしたサイクルに育っていくのだと実感しました。

「お土産」だったら、誰でもどんな人にでも与えることができるはずです。

まずは、明日、会う人からお土産を渡してみましょう。

相手に喜んでもらうとよいサイクルが加速する

お土産を渡すように、自分から人に何かを与えるときの最大のポイントは、「**どうしたら、相手が喜ぶか**」を考えて行動することです。僕はそれこそが、1500万円の借金を返せた、大きなカギだったと考えています。

自分1人で、がむしゃらにがんばっていても、できることには限界がある。でも、自分ではなく「相手にフォーカス」して、喜んでもらうことが続くと、新たな可能性の扉が押し開かれます。

ポジティブな感情で送り出したものは、ポジティブな勢いをつけて返ってくる。

そして、〝人〟が生み出す財産はとても大きい。

だからこそ、人を通じてポジティブに動くサイクルが最強なのです。

そうして僕のもとには、奇跡のようなよいできごとが次々と起こるようになり、豊かさのサイクルが加速してめぐり始めました。

何年も使っていなかった銀行口座の通帳が見つかり、８万円が手に入ったことがあります。

先ほどチラッと、30万円が臨時収入として入った話をしました。

新しい事業を始めようとした際に、30万円足りなかったときのこと。

手持ちのお金をかき集めても、どうしても30万円不足している。

支払日の前日になってもお金は足りず、「借りないとムリだな」と考えていたとき、いきなり30万円ちょうどが口座に振り込まれたのです。

「えっ、こんなことあるの？」

と驚いて、どこから振り込まれたか調べたら、もう何年も前に副業を行ったときの支払いでした。

そうして、豊かさのサイクルが加速したことで、僕は数年で１５００万円の借金を完済することができたのです。

循環の輪を育てるためには、ムリをしない

鳳凰さんの「お金サイクル」や「豊かさサイクル」を大きく育てていくためには、ムリをしないことも大きなポイントの1つです。

気負わずに与えることができるようになるためには、戻ってくるかもしれない「リターン」に期待するのではなく、自分の気持ちにフォーカスすることです。

これを行ったら、こうなるといいな、ではなく、

- **大きな声で、笑顔であいさつした自分が気持ちいい**
- **「どうしたら喜んでもらえるか」を考えてプレゼントを選ぶときが楽しい**
- **知っていることをすべて伝えることができて満足だ**

……など、そんなふうに考えると、心おだやかに、豊かな気持ちを保つことができるでしょう。

誰でも本来、心には愛がたっぷり詰まっていて、分け与えれば与えるほど、内側からさらに湧いてくるようにつくられています。

つまり、力を抜いて、自分の気持ちややりたいことにフォーカスすることで、自然と鳳凰さんの世界に調和して、もっともっと与え続けることができるようになるのです。

ただ、ここで僕がお伝えしたいのは、あなたから何かを奪っていこうとする人や、もらうばかりで自分からは何も与えようとはしない人には、ムリして与え続ける必要はないということです。

僕は、誰にでも平等に与え続けることが尊いとは思っていません。もちろん、ご縁があった人に対して、できることをするのはよいことです。でも、その人と一緒にいて居心地が悪いのであれば、遠ざかることであなた自身にかかる負担をなくします。

「相手を喜ばせる」のはもちろん大切ですが、自分自身に対しても、愛を持って大切に扱おうとすることが必要なのです。

action 27

「心から望むこと」をもう一度イメージする

第2章の初めに、自分だけの幸せを見つけていただくために、「心から望むこと」をイメージしていただきました。

そのときのあなたのイメージはどんなものだったでしょうか?

最後となるここで**もう一度**、

「最近、幸せを感じたのはどんなこと?」

「こうなったら最高というのはどんな状態?」

を考えてみましょう。


僕のコミュニティに参加される方は、**鳳凰さんの世界に触れてしばらくすると「自分なりの幸せ」について、考えが変わる人が少なくありません。**

それまで自分のほんとうの幸せについて、深く考える機会が少なかったからかもしれません。

おそらく、この本をここまで読んでくださったあなたは、自信を取り戻し、余分なモノや感情をどんどん削《そ》ぎ落とすことができたはずです。

そうして、心の奥深くにある、あなただけの幸せを見ることができたでしょう。

そのような、**慈愛に満ち、天命を全うするような人のもとに鳳凰さんは必ず訪れてくださいます。**

あなたが心から望む幸せの姿が見つかれば、豊かさへの距離はグンと近づきますよ。

「あなたなりの幸せ」に向かって、「ＡＢＴ」を忘れずに進んでいきましょう。

金運バク上げコラム

お金は「動かしやすい」ところに置く

豊かさがめぐってきたとき「お金をどう扱えばいいのか？」とよく聞かれます。つまり、また戻ってくることを信じて使っていいのか、ある程度の貯金は必要かということです。

でも、ここまでお読みいただいたあなたなら、もうおわかりかもしれませんね。生活に支障をきたさない程度に、「自分の理想の状態」に近づくために使うのはかまいません。また、自分を幸せにしたり、人を喜ばせたりするために使うのもいいでしょう。

貯金に関しては、何かあったときに困らないように1～2ヶ月分の生活費を、すぐに取り出せるところに置いておくといいでしょう。

それ以外のお金は、**ただ口座に置いておくのではなく、どこか別のところに「動かす」のが、豊かさの流れを止めないために効果的だと考えています。**

どこか別のところというのは、お金の使い方のタイプによって変わってきます。

たとえば、あればあるだけ使ってしまいがちな人は、強制的に引き落とされて貯蓄する口座に移動させる。

計画的にお金を使うことができ、貯金が得意な人は、少しでも利率がよい投資先を見つけてそちらにまわす。

また、将来、お子さんの学費が必要なご家庭であれば、普段使う口座とは分けて、そちらでこまめに積み立てていくなどもいいでしょう。

いずれにしても、**20年、30年と動かせない定期預金などでお金を縛ってしまうのではなく、ある程度、動かしやすいところにいてもらうのがいいですね。**

第4章

まだまだあります！金運バク上げプチアクション！

金運バク上げ

プチ

アクション

この本の最後に、「金運アップ」をサポートするプチアクションをご紹介します。

どれも鳳凰さんと仲良くなれる、とても効果のあるアクションです。

しかも、楽しくムリなくできるプチアクションを厳選しています。

ぜひ日々の生活の中に取り入れて、楽しく金運を上昇させてくださいね。

光るアクセサリーを身につける

まず、オススメなのが**「光るアクセサリーを身につけること」**です。

鳳凰さんは、美しいもの、とくにキラキラと光るものが大好きです。

キラキラ光るアクセサリーを身につけることで、鳳凰さんに見つけてもらいやすくなり、そして親しみやすくなるでしょう。

また、**光るアクセサリーには、自信をもたらすエネルギーがあるため、自己肯定感を高める効果があります。**

ピアスやネックレス、ブレスレットなどで、光沢のある素材や光るストーンなどを使ったものを選ぶといいでしょう。

男性の場合、キラキラ光るアクセサリーを身につけるのに、抵抗がある人がいるかもしれません。

その場合、キーホルダー、スマホのストラップ、お財布の金具などに光る素材が使われているものが、目立たずに使いやすいかもしれません。

金運バク上げ
プチ
アクション

背筋を伸ばす

スマホやパソコンを使う時間が長いと、どうしても前かがみになりがちです。

人間の心は体と連動しています。

背筋が曲がっていると、どうしても気持ちが落ち込みやすく、自分のネガティブな面に目を向けがちになります。

実際に「これから、金運を上げよう」という人は、姿勢がよくないことが多いと感じます。

その一方で、すでに豊かな人は**天に届くようにスッと背筋が伸びている。**

アンテナも、きれいに高く伸びているものほど澄んだ波動を受信しやすいもの。高く伸びている姿はとてもきれいで、目立ちます。

背筋を伸ばして胸を張るだけで、自己肯定感が高まり豊かさを受け取る準備ができます。

また、背筋が曲がっていると、その歪《ゆが》みのせいで豊かさが循環しにくくなります。

1日のうち何度でも、気づいたときに、スッと背筋を伸ばすように意識してみましょう。

金運バク上げ プチ アクション

ほんとうに欲しいモノを買う

たとえば、スーパーに行ったとき、1個450円のとてもおいしそうな豆腐を見つけたとしましょう。

ほんとうは、その豆腐を食べてみたい。

でも「高いから……」と、いつもは１５０円の豆腐を手に取っているとしたら、**5回に1回でもいいから、ほんとうに欲しい豆腐を手に取ってみましょう。**

自分に自分で「欲しいモノ」をプレゼントすることで、自分の価値を認めることにつながり、心が満たされていきます。

僕も、１５００万円の借金を返済しているときは、お弁当が半額になる夜8時を狙《ねら》って買いに行くのが習慣でした。

でもあるとき「安いから」ではなく、食べたい時間に食べたいモノを買ってみたことで「これを、もっと味わいたいからがんばろう」という気になりました。

そして「もっと、このおいしいご飯を食べるにはどうしたらいいか」と考えるようにもなったのです。

ムリをして、高級なモノを買う必要はありません。

手の届く範囲で、週に1度でもいいので「ほんとうに欲しいモノ」を買う日をつくり、自分を喜ばせましょう。

気分が乗らないときはアクションを休む

「よ～し、金運アップ、がんばるぞ！」と、はりきってみたものの、忙しかったり疲れていたりすると、どうしてもやる気にならない日も出てくるでしょう。

そんな日は、思い切って**「今日は、〝金運アップアクション〟はお休み」**にしてしまいましょう。

むしろ、できないことに罪悪感を抱き、「あ～、またサボっちゃった」「なんで、自分はダメなんだろう」と自分を責めてしまうほうが、心に悪影響を及ぼします。

金運アップのアクションが、歯磨きをするように習慣になってしまえば、やらないと「気持ち悪く」感じるようになります。
それまでは、気分や体調に合わせてお休みをしても大丈夫です。
ムリをせずに続けていきましょう。

金運バク上げ
プチ
アクション

小銭洗いをする

僕がイベントなどでご紹介すると、「楽しみながら、金運が上がる！」と大好評なのが、ここでご紹介する小銭洗いです。

お金はいろいろな人の手を渡ってあなたのもとに来ていますから、**「金毒《ごんどく》」**という金運を下げる邪気がつきやすいのです。

それを避けるため、今持っている小銭を洗って清めることで、金運を高めることができます。

小銭洗いを行う神社などもありますが、わざわざ行かなくても、自宅で洗い清めることができます。

小銭洗いを習慣にしたある女性は、最初に5000円の臨時収入があり、その後も、**使っていなかった口座に5万円が入っていたのを見つけるなど、予期せぬお金が入り続けている**と言います。

でも、だからと言って「じゃあ、やればやるほど金運に恵まれるから」と、小銭を毎日、洗う必要はありません。

僕は、金運アップのアクションをするのに最適な、「寅《とら》の日」や「巳《み》の日」などの吉日に洗い清めています。

寅の日は、寅が千里を行ってもすぐに帰ってくることから、お金を使ってもすぐに返ってくると言われる金運招来日です。

巳の日は、貯める力・増やす力に恵まれ、金運・財運が高まる日です。

やり方はとてもカンタンです。

一番ラクにできるのは、**小銭の上にパラパラと粗塩をふりかけ、そのあと、ぬるま湯で洗い流す方法です。**

もしくは、コップ1～2杯分のぬるま湯に、粗塩を小さじ1杯分くらい溶かし、そこに小銭を入れてかき混ぜたら、洗い流します。

粗塩は、ミネラルなどの成分を調整した食卓塩ではなく、できるだけ自然な製法でつくられたものを使うといいでしょう。


小銭の材質によって、とくに5円玉や10円玉などは、長い時間、塩水に浸けていると青いサビが出てくる場合がありますから、手早く行うのがいいでしょう。

ぬるま湯の温度はお好みですが、僕は、小銭さんたちをお風呂に入れるつもりで、だいたい40℃前後のお湯を使います。

小銭洗いでは、とくにミネラルウォーターなどを使う必要はありません。水道水を温めて使ってください。

洗い流したあとは、ペーパータオルなどで水気を拭き取りましょう。

サビが出るのが気になるのなら、オススメは重曹を使う方法です。

コップ1〜2杯のぬるま湯に、小さじ1杯分の重曹を溶かし、5分ほど小銭を浸けておきます。

そのまま洗い流してもいいのですが、そのお湯の中にクエン酸を小さじ1杯入れると、アルカリ性の重曹水をクエン酸が中和することでシュワッと泡が立ちます。

まるで、炭酸のお風呂に小銭さんたちを入れているように思えて、楽しく小銭洗いができるでしょう。

金運バク上げ プチ アクション

お羽根でお札のお清め

次に、手元にめぐってきたお札のお清めのやり方をご紹介しましょう。

僕は、お札に描かれている方々の顔が見えるようにお皿に並べ、粗塩をお札にかけて、すぐにお羽根を使って拭き取ります。

お羽根は、どのようなものでも大丈夫です。羽根ペンなどは手に入りやすいですし、実用的でもありますのでオススメです。サッと空気を清めるような気持ちで拭

きましょう。

お羽根をお持ちでない方は、ペーパータオルなどでも大丈夫です。

お清めの効果はそのまま変わりませんから、シワが気になる場合は、アイロンをかけて新札のようにするのも、お札はきれいになれて喜びます。

ただし、お札にあるホログラムの部分は熱を加えると溶けてしまうため、この部分はアイロンをかけないように注意しましょう。

お札のお清めは、ときどきしてみるといいでしょう。

僕も、お札を清めたあと**「お札さんにエステにでも行ってもらう」**感覚で、ときどきアイロンをかけて、磨き上げることもあります。

清めた小銭やお札は、お金を呼び込む種銭として家に置いておいてもいいですし、またお財布に戻して使ってもいいでしょう。

邪気を祓《はら》ったお金を使うことで、よい運気を人に差し上げることにもなるのです。

金運バク上げ
プチ
アクション

音で浄化をする

なんとなく、物事が停滞していたり、金運がめぐっていないなと感じるときは、音で浄化をするのも効果的です。

音の持つ波動が流れを促し、よどみを浄化することができます。

聴く音は、**皆さんが好きで、聴いていて「心地よい」と感じるもの**がいいでしょう。

たとえば、小川のせせらぎや海の波の音でもいいですし、ピアノやバイオリンなど好きな楽器が奏でる音楽や、特定の周波数を用いたヒーリングミュージックを聴くのもいいでしょう。

ただ、歌詞があるものだと言葉に影響を受けてしまうので、できれば歌詞が入っていないものがオススメです。

あまりピンとくるものがない場合、僕はYouTubeで、**仏教の修行者が祈りのときなどに使うティンシャや鈴の音を盛り込んだチャンネルを配信していますので、**

金運バク上げ　プチ　アクション

トイレ掃除をする

ぜひ聴いてみてください。


「トイレをピカピカに磨いたら、金運がアップする」

とよく言われています。

もしかしたらあなたは、「なんで、トイレと金運が関係あるの？」と思っているかもしれませんね。

鳳凰さんや日本の古来の神様の世界では、**トイレはそもそも、自分についた厄を落とす場所と考えられています。**

そのため、掃除を怠ると、せっかく落とした厄がまた、トイレに入るたびに戻ってきてしまうのです。厄がたまると、トラブルや臨時出費の原因になってしまいます。運気の停滞を感じたり支払いに追われたりしているのは、厄がたまっているかもしれないとき。ですから、厄を落とす場所であるトイレはこまめに掃除をするようにして、きれいに保つようにしましょう。

実際に、毎日、トイレを掃除するようになったら、不要品を処分して思わぬ高値で売れた人、見る間に営業成績がトップになった人や大口のお客さんに恵まれるようになった人など、金運がアップしたという、たくさんのご報告をいただいています。

金運バク上げ プチ アクション

粗塩のお風呂に入る

よく、お店の入り口に盛り塩がしてあったり、お葬式の帰りに塩を振りかけて清めている人を見かけますよね。

塩は、それ自体が腐ることがないため、邪気を祓い、清めるために用いられるようになったと言われています。

気持ちがモヤモヤする日や、疲れてしまったときなどは、1日の終わりに、血行を促し全身を清めるために、粗塩を入れた湯船に浸かるといいでしょう。

「塩を入れたお湯を沸かし直すと、浴槽が傷みませんか？」と聞かれることがありますが、**気になる方は、小銭洗いのように、粗塩を頭、肩、腕などに少しずつ乗せて、シャワーでさっと洗い流すのでもいいでしょう。**

金運バク上げ プチ アクション

玄関と水まわりをきれいにする

いろいろなモノを手放す段階で、あわせて行ってほしいプチアクションは、なんといっても掃除です。

散らかった部屋は、流れがよどむため、鳳凰さんは近づいてこないと言われています。

とくに最近は、リモートワークなど家で過ごす時間が増えているので、家をきれいにするのは開運の土台と言っていいでしょう。

重点的にキレイにすべきは、キッチンやお風呂場などの水まわりと玄関です。

水まわりは汚れやアカなどがたまりやすいので、こまめにきれいに掃除をすることで、豊かさのめぐりがよくなります。

先にも述べましたが、とくにトイレは厄を落とす場所ですから、日々、磨き上げましょう。

また、玄関は、金運だけでなく恋愛運や家族運など、あらゆる運気が入ってくるところです。

まずはこの2ヶ所を徹底的にきれいにしていきましょう。

水まわりとは、キッチン、お風呂場、トイレ、洗面所だけでなく、洗濯機も含まれます。使ったあとに、スポンジやブラシで磨くだけでなく、ゴミ受けや排水口の中まで、徹底的にきれいにしましょう。洗濯機は、知らず知らずのうちに、見えない部分にカビがたまりやすく、においの原因にもなります。専用の洗剤などで、定期的に汚れを落としておきましょう。

また、玄関は、ほうきで掃くだけでなく、水拭きをして細かなホコリも取り除きましょう。

さらに、シューズボックスも開けて空気を入れ換えるといいでしょう。

実際に、キッチンやお風呂場などの水まわりや玄関などをきれいにしたら、欲しかったモノが安く買えたり、少額ながらも宝くじが当たったり、人からおごってもらったりなど、目に見えて金運がアップしたという報告をたくさんいただいていますよ。

金運バク上げ プチ アクション

鳳凰さんを待ち受け画面にして、もっと仲良くなる

鳳凰さんとさらに親しみ、お金の循環をスムーズに促すプチアクションをご紹介

します。

それは、1日のうちに何度も目にするスマホの待ち受け画面を、金運が上がるものに変えること。ここでおすすめなのは、鳳凰の画像。**鳳凰さんが描かれたものであれば最高に運気を高めてくれます。**

でも、鳳凰さん以外でも「金運が上がる」と言われている、龍や虹、黄色や金色を使ったものなどから、パッと見て「いい」と感じるものを選んでもいいでしょう。

待ち受け画面を変えるのは、自分が「変えたい」と思ったときがベストなタイミングですが、**もし吉日が近ければ、縁起のいい日に変えるのもオススメです。**

金運バク上げ プチ アクション

満月の日はお財布フリフリ

満月の日に、お財布を月光浴させるのも、金運アップに非常に効果的です。

満月の日は、月と太陽の間に地球があり、一直線に並んだ状態で引力が強くなるため、金運を引き寄せる力がもっとも強くなるからです。

さらに、満月という「丸いもの」には金運が宿ると言われており、満月の「黄色い光」も金運を呼ぶカラーですから、最強なのです。

日中の、月がうっすら見えているときではなく、夜になって満月が現れてから、**満月に向かってお財布をかざしてフリフリしましょう。**

このとき、お財布の中身はいったんすべて取り出し、お財布は汚れを落としてきれいに清めてから使ってください。

お財布は、最低でも3分間は月の光にかざしましょう。

その間、ずっとフリフリしなくても大丈夫ですが、最初と最後だけは10秒ほど振ってください。

そして、満月の日に月光浴させたお財布には、**ぜひとも「理想の生活」に必要なお金を入れてみましょう。**

たとえば、いつもお財布に30万円入っている生活を望んでいるなら30万円、50万円入っているのが理想なら50万円を入れます。

最低でも1晩置いて、**お財布に「その金額が入っているのがあたりまえ」だと記憶してもらうのです。**もちろん、そのお金はあとで抜き出して、銀行口座に戻しても大丈夫です。これは、新しいお財布を購入し、使い始める前に行うのも金運アップに非常に効果的です。

実際に以前、経営者の会合に出かけたとき、数人のお金持ちが、

「あ、それいいお財布だね。300万円入る？」

「ギリギリ300万円だね」

という会話をしているのを耳にしました。

つまりお金持ちは、知ってか知らずか、300万円が入るお財布を用意し、300万円が入っているのがあたりまえの状態を維持していたのです。

僕は、その話を聞いたあとすぐに、300万円入るお財布に切り替えました。

そしてその後は、お財布の中には300万円の現金がいつでも入れられる経済状態が続いています。

金運バク上げ プチ アクション

鳥のお羽根や鳳凰雲の「幸運のサイン」をシェア

まわりに豊かさを与えることを習慣づけるためには、すぐにできるカンタンなことから始めるのが続けるコツです。

「これを見かけたら、運がいい」「こんなことは、金運がアップするサイン」だと言われていることはいくつもあります。

鳳凰さんの世界では、鳥の羽根を見るのは金運上昇のサインだと言われています。

道端に落ちている鳥の羽根を見かけたら、画像にして人に送ってみましょう。

また、鳳凰さんが翼を広げたような「鳳凰雲」も幸運のサインです。快晴の空に伸び伸びと翼を広げた鳳凰さんを見かけたら、とてもよい気分になりますね。

ぜひ画像をシェアして、まわりに運のおすそ分けをしましょう。

「これで金運アップ！」
「こうすれば、豊かになれる」

そんな気持ちで前に一歩、踏み出したら、たとえいつも行っているトイレ掃除でも、同僚への「おはよう」のあいさつでも、意味が変わってきます。

そうした、**ほんの小さなことの積み重ねが、大きく運の流れを変える。**
僕は身をもってそのことを知りました。
だからこそ、この本で小さなアクションをいくつも提案しているのです。

あたりまえと思えるけど、なかなか実践できていない1つひとつの行動を、愛を持って丁寧に行う。

自分も、まわりも、モノも、関わるすべてを大切にし、気持ちを込める。
そうすることで、「愛と調和」を大切にする鳳凰さんの世界に近づくことができるのです。

僕は、1人でも多くの人に、
「自分は運がいい！」
「これから金運がどんどんよくなる！」
と思って行動してほしいからこそ、この本を書いたり、YouTubeで発信したりしています。

そうして、結果的に皆さんから豊かさの輪が広がり、日本全体が豊かで幸せになればいいと願っています。

皆さんが鳳凰さんの世界を知って、さらに豊かに、幸せになっていきますように。

心からそう願います。